地震を知って震災に備える

平田直

JN219323

AKISHOBO

目次

はじめに

あらためて申し上げるまでもなく日本は地震大国です。記憶に新しいところとしては今年（２０２４年）の元日に起きた能登半島での大地震（マグニチュード７・６）、４月に起きた豊後水道での地震（マグニチュード６・６）があります。少し前には熊本地震（２０１６年、マグニチュード７・３）や阪神・淡路大震災を引き起こした兵庫県南部地震（１９９５年、マグニチュード７・３）もありました。しかし、これらの地震は決して特別なものではありません。このくらいの大地震は、日本のどこかで毎年のように起きています。さらに、２０１１年には東日本大震災を引き起こした巨大な地震（東北地方太平洋沖地震、マグニチュード９・０）が発生しました。これは、まれにみる超巨大地震です。しかし、このような超巨大地震も、東北地方の太平洋沖だけでなく、西南日本の太平洋沖（南海トラフ）や北海道の太平洋沖（千島海溝）で過去に起きた証拠があり、今後も起きる可能性があります。

日頃、テレビや新聞などの報道によって、首都直下地震や南海トラフ地震についてはよく見聞きしていることと思います。しかし、そういった大きな地震だけでなく、中小の地震は毎日起きています。私たちはこのような土地に暮らしているという認識が必要です。ともすると、日本国内であっても、別の地域で起きた地震については、まるで他人事のように、自分の暮らす地域には起きないと思いがちです。そんなことはありません。繰り返しになりますが、「日本全国、いつどこで大地震が起きても不思議はない土地」に私たちは暮らしているのです。

これまでのたくさんの災害の結果として、さまざまな記録やデータが残っています。いつ大地震が発生するかを予知することはできませんが、日本のどこかで大地震が起きることは確かです。ですから、いつ大地震に見舞われてもいいように準備する必要があります。まずは、日本、身の回りの地域ではなぜ地震が多く発生するのか、どんな種類の地震なのかを知り、地震が起きるとどんな被害となるのかを考えましょう。そのうえで、被害を減らすために、どんな心構えと準備をしておくべきなのかを考える必要があります。本書が、さまざま考える手がかりになればいいと考えています。

1 地震を知って、震災に備える

〈聞き手〉亜紀書房編集部
2024年6月19日

日本ではなぜ地震が頻繁に起こるのか

――ここのところ、日本各地でも、また近いところでは台湾でも大きな地震が頻発しているように感じます。怖がってばかりはいられないので、きちんと地震について知りたくて今日はお話を聞きに参りました。

そうですね。最近地震が多いのはなぜかという質問をときどき受けますが、とくに最近になって地震が多いということではありません。今の状態が、日本の普通の状態です。

基本的なことなのですが、私は地震と震災は区別しています。これまで日本で観測されたいちばん大きい地震は、２０１１年の東北地方太平洋沖地震のマグニチュード（以下はMとする）９・０で、東日本大震災を引き起こしました。同じように１９９５年の兵庫県南部地震と阪神・淡路大震災、１９２３年の関東地震と関東大震災というように区別しています。熊本地震と能登半島地震はそのように分けて呼ばれてはいません。けしからんことですが。

気象庁は、被害が出るような地震については、名前を特定する必要があります。昔はそのような地震を命名地震といっていました。いまは、「○○地震と命名する」といっています。今回、2024年1月1日に起きた能登の地震は、正式には「令和6年能登半島地震」の一つになりました。「一つ」というのは、変ないい方ですが、これにはわけがあります。能登半島で起きている地震がちょっと変わっていたからです。

――2020年12月から能登半島では地震活動が活発化していて、そのようなことが起きるのは珍しいと新聞のインタビューでも元日の地震の前に答えていらっしゃいますね。

2024年の元日に起きた地震はM7・6とたいへん大きな地震ですが、2020年の暮れぐらいから能登半島では地震活動が活発化しました。ほとんどの地震は中小の規模でしたが、2020年6月にはM5・4、2023年5月にはM6・5の地震も発生して、被害がもたらされていました。地震学的にはふつうは群発地震といいますが、気象庁ではそういういい方をしないんです。一連の地震活動が終わって振り返ったときに群発地震という定義が明確にできるのですが、時々刻々と変化するものについて定義するのはむずかしいし、いま起きている地震が本震なのか、余震なのかということも、防災情報としては出しにくいんです。そこで、気象庁は、２０２４年１月１日の大地震だけでなく、２０２０年12月ごろから続いている地震全体を「令和６年能登半島地震」ということにしました。つまり、２０２０年12月から続いている「群発地震」が「令和６年能登半島地震」です。２０２４年６月３日にも、M６・０の地震が発生しました。現在も、この群発地震活動は収束していません。

もともと、地震学の教科書に「地震というのは時間的・空間的に群れをなす性質がある」と書いているとおり、地震は群れをなします。英語でいうとクラスターです。いちばん多いパターンとしては大きな地震が起きて、その後、直接に影響を受けた地震がたくさん起きる。それを余震といっています。大森房吉（地震学者、１８６８〜１９２３）が余震を発見したときから、日本でずっと使っていた言葉です。ただ「余」という字が、余震は大きなものではないというような印象を与えるので、防災上はよくない、使うなといわれるようになった。英語ではアフターショックといいます。地震を表す言葉も、地震学や防災で使うもの、一般に流布しているものまで、厳密にしようとするとむずかしいです。

――マグニチュードと震度も混同しそうです。

震度は地面の揺れの強さの程度です。気象庁は1884（明治17）年から震度を公表して、いまに至っています。最初は、微、弱、強、烈の4段階でした。いまでは、0から7で、5と6には、弱と強があり、全部で10段階です。

一方、マグニチュードはアメリカの地震学者チャールズ・リヒターが1935年に導入しました。これは、地下で起きる地震そのものの大きさを表す単位です。基本的には、マグニチュードはひとつの地震に対してひとつありますが、震度は同じ地震でも場所によって異なります。

――わからないまま使っている言葉が多そうです。遠回りになるかもしれませんが、基本として、日本列島でなぜこんなに地震が多いのか教えてください。

地球上でいちばん大きいプレートは、日本の東側に広がる太平洋の下にある太平洋プレートです。日本は太平洋プレートの西の端に位置します。日本海溝から太平洋プレートが日本列島の下に沈み込むことによって2011年の東北の巨大地震が起きた。

太平洋プレートの南西側にそれよりは小さいフィリピン海プレートがあって、それが

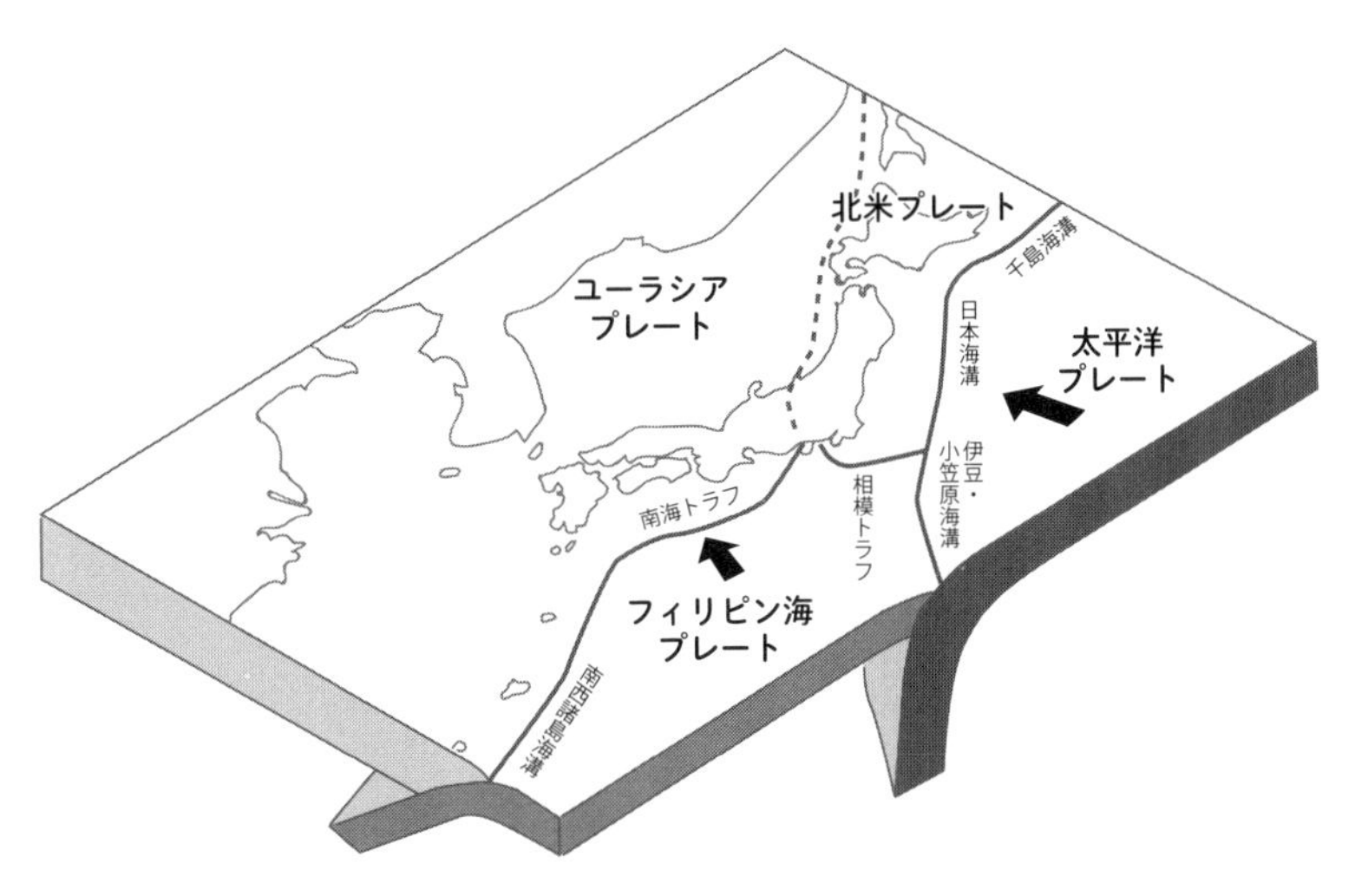

日本付近のプレートの模式図（気象庁）

西南日本の下に沈み込むと南海トラフ巨大地震が起きる。つまり地震は多くの場合プレートの境界で起きるんです。そこで起きる地震は非常に大きくなるんですね。Ｍ９を超えるような地震はみんなこのプレートの境界で起きているんです。

プレートの境界といっても、世界地図とか地球儀上ならば、プレートがどこにあるのかという線は引けるけれど、はっきりと境界があるわけではありません。沈み込み口のところは線ですが三次元的に考えると地図上では、幅があるわけですね。

日本列島では、日本海溝から太平洋プレートが沈み込んでいて、その沈み込みは結構深く６００㎞ぐらいまである。沈み込み口は日本海溝で、東北の東側だけれども、深く沈み込んだ先は、日本海の下辺りまである。プレート境界をどう捉えるかによっては、日本列島全体が、プレート境界であるといってもいいわけですね。

日本海溝は潜って調べると、いちばん深いところが９０００ｍぐらいだから、富士山の三段重ね分ぐらいの非常に深い溝です。そこからプレートが沈み込んでいる。沈み込む太平洋プレートは厚さが１００㎞くらいはあります。プレート境界とは、そのプレートの上面が日本列島を形造るプレートと接している面で、概念的には1枚の面を境に沈み込んでいます。しかし、実際には、境界面から上の方に分かれたような断層、分岐断層がいろいろある。

地震というのは、そもそも岩石に力が加わってズレるように破壊される現象なので、地震が起きるためには、まず強い力が加わる必要があります。それからその力に対して十分こらえられていない、弱いところがあるとそこがズレるように動いてしまう。これを、震源断層が形成されるといいます。プレートの境界はそもそも沈み込んでいるところで、弱いですから地震が起きやすいんです。

地震を起こすための力というのは、そもそもプレートが動いているから発生します。太平洋プレートは、1年間に10㎝弱ぐらいの速さ、フィリピン海プレートは1年間に5㎝ぐらいの速さで動いています。地学的には非常に早い。髪の毛が伸びるぐらいの速さですからね。太平洋プレートでは、2億年ぐらいの間は少なくともそういう現象、沈み込みが起きている。

複数のプレートが異なる方向に動いているから、プレートの境界部で力が働きます。動き（変形の速さ）が速いと力がたくさん加わって、また、しょっちゅう動いていて弱い面があるのでそこで大きな地震が起きる。さらに、大きな地震が起きるということは、じつはそれよりも小さな地震はもっとたくさん起きているということなんです。

日本は内陸部でも地震がたくさん起きますが、それは列島の内部にも変形があるからです。

日本列島と地震の関係

――だんだん頭の中で思い浮かべることができなくなってきました。

ここから先は日本列島がどうやってできたかという話にならざるを得ないのですが。現在は、太平洋プレートが日本列島の下に沈み込んでいて、日本列島が東西に押されています。３００万年前くらいからいまに至るまで、地形的な配置も力の組み合わせも変わりません。

ですが、２０００万年前とか１５００万年前は、日本列島はアジア大陸の一部だったんです。ところが、約１５００万年前に、アジア大陸の東の端が分裂して日本海が拡大し、日本列島ができてきたとされています。「ある種の力」が加わって、日本列島がアジア大陸から離れていったのですが、観音開きといわれていて、東北日本は反時計回り、西南日本は時計回りに回転しながら、日本海が拡大するように引っ張られていったとされています。引っ張られて地殻は薄くなった、地表面が低くなったところに水がたまって日本海ができたんですね。

１００万年ぐらいかけて（それでも１００万年は地学的には短いほうなのですが）、じわじわ引っ張られていったわけですが、いまは逆に太平洋プレートから押されているんですね。「ある種の力」といいましたが、プレートが沈み込むときに、海洋プレートは、沈み込まれる大陸側を現在のように押すだけでなく、沈み込み口の海溝が大陸から離れ

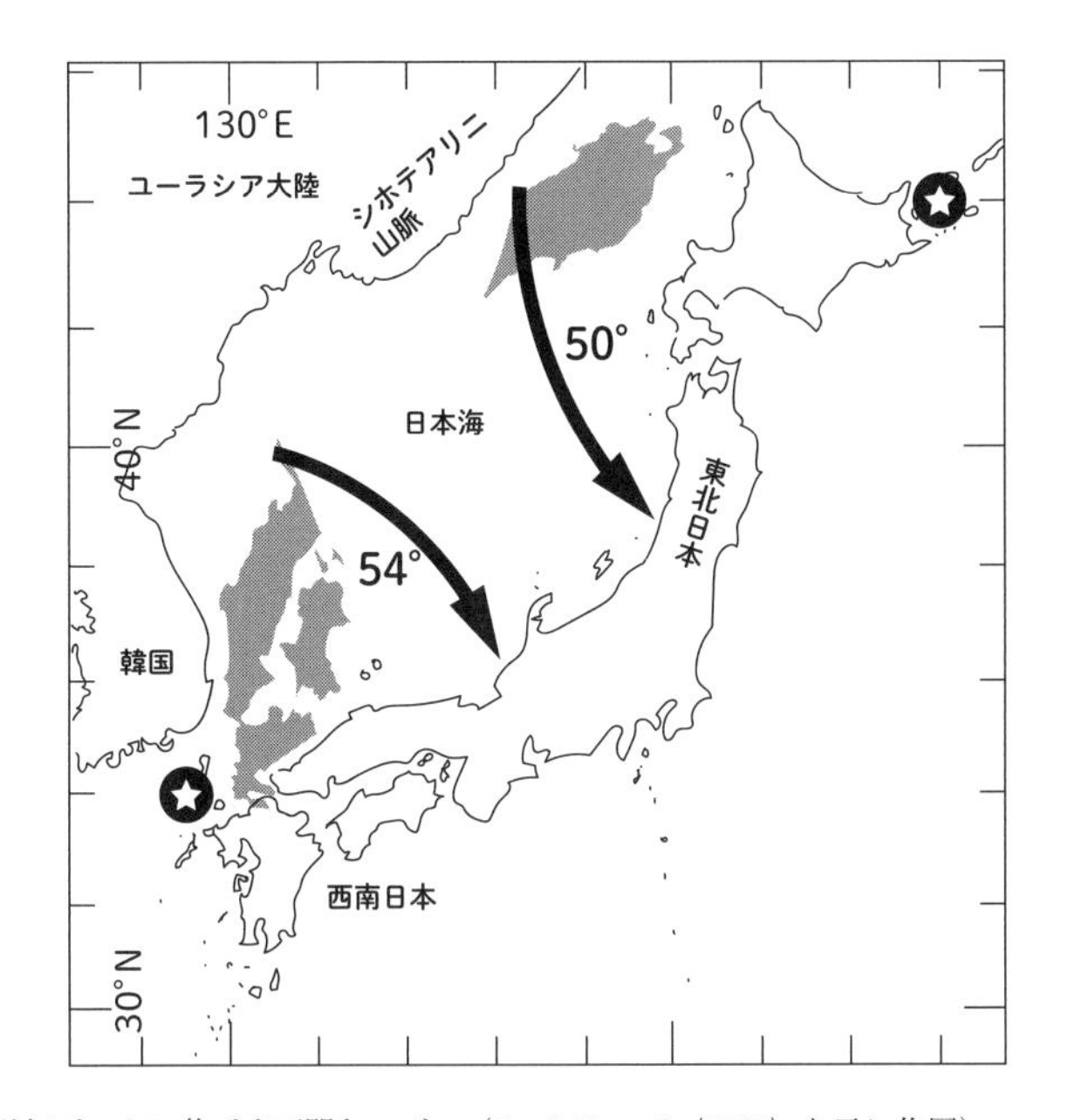

古地磁気データに基づく両開きモデル（Otofuji et al.〈1985〉を元に作図）

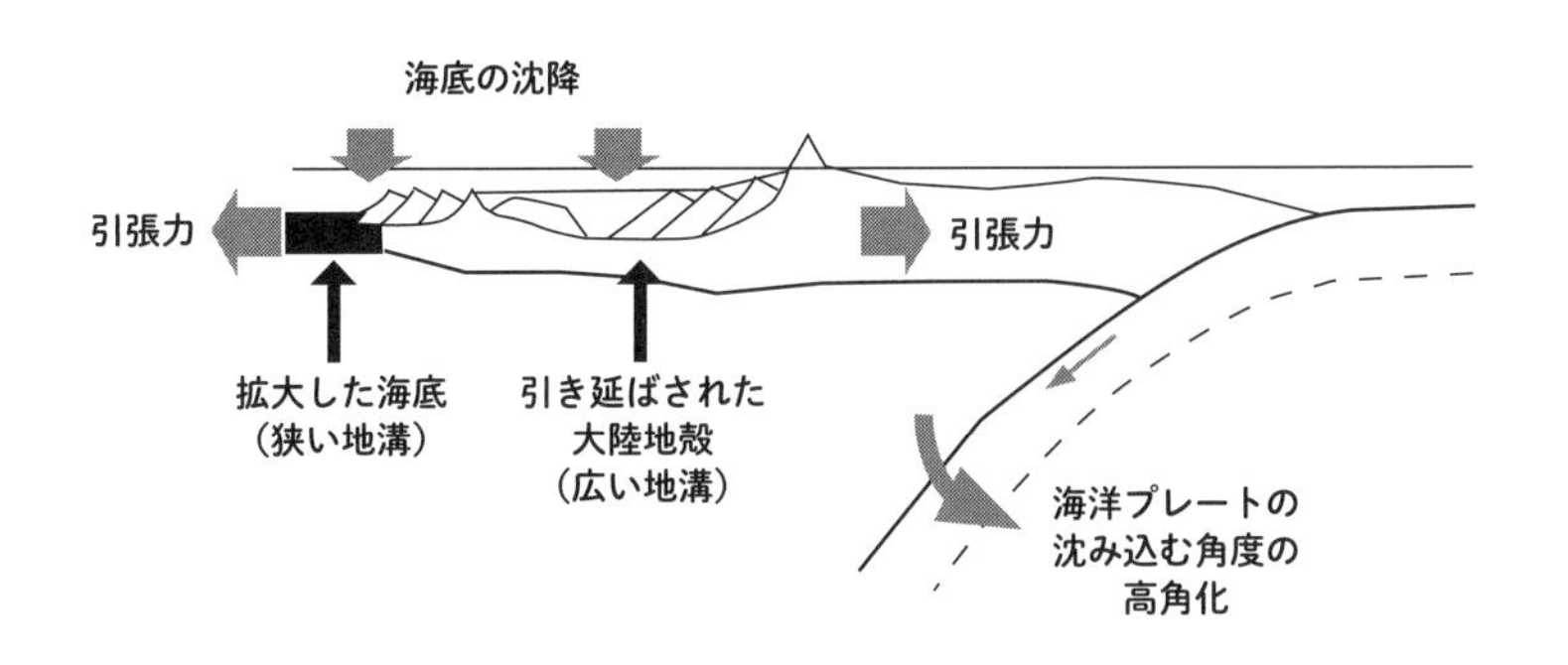

中生代の日本海拡大と海底の沈降（Sato & Amano〈1991〉を元に作図）

ることで、地学では「後退」といいますが、大陸を引っ張る力が働くことがあるのです。沈み込み口の海溝が、海側に移動します。プレートが沈み込むことで、プレートの角度が浅くなるためだといわれたりしますが、理由ははっきりわかっていません。事実として大陸から離れるんですね。世界中の沈み込み口で、背弧海盆(はいこかいぼん)という日本海のような地形が観察されています。

――想像ができないほど、長い時間のなかで起きていることなんですね。

日本列島の内部には、列島ができたときに引っ張られてズレが生じて地震が起こったときの古傷がたくさんあります。それを正断層運動といいます。ですがいまは逆に、東北日本は東西に圧縮される力によって、逆断層運動が起きる。

太平洋プレートは、1年間に約10㎝という速さで動いているといいましたが、内陸でも速いところで1年間に数㎜動く。1年に1㎜動けば、A級の活断層だといわれるのですが、プレート境界に比べれば変形していく速さが1~2桁遅い。A級の活断層でも、1000年に一度程度、1m動く。つまり海域よりも内陸では地震が起きにくいということです。基本的には日本の周辺では、プレートの境界の海域でたくさん地震が起きて、陸域はそれに比べれば少ないんですね。少ないといっても、地球規模で見ればプレートの境界に位置しているので、地震が多い場所ではあります。

それで能登半島の地震というのは、昔の正断層で、逆断層運動を起こしたことで生じたということになります。

——そのような運動が起こる場所が活断層ということでしょうか。

日本の内陸の場合、もともとの厚い大陸性の地殻と、古い時代に太平洋プレートの沈み込みによって東西に引っ張られてできた、薄い海洋性の地殻の境界部で力が集中します。そこには地震になるような、古傷がたくさんあったんですね。西南日本の日本海沖では、引っ張りかたの加減で、あまり薄くならないやや厚い海洋性地殻がありますが、それでも内陸の厚い大陸地殻との境界部に変形が集中して、古傷がたくさんあります。東西に引っ張られるというのは不思議ですね。このことは、後で解説します。

地震は地下の20㎞とか、浅くても10㎞ぐらいのところで起きるわけですが、大きな地震が発生するとそのズレは地表まで到達します。熊本の地震では２ｍぐらいのズレ

（横ズレ）が地表で観察された。地震は一度起きると弱面ができますから、力が加わると、またほぼ同じ場所で繰り返し地震が起きます。繰り返されると、何十メートルもズレが生まれる。たとえばそこに川が流れているとその断層を境にして、クランク状になるとか、あるいは崖がズレるといったような特徴的な地形ができます。地形学者がそれを判読すると、過去に何回も繰り返しズレた証拠があるんです。それを活断層といいます。地震を起こしたという証拠があるものが活断層ということです。そしてその中から約100を選んで、地震調査委員会が調査をしたんですね。きっかけは阪神・淡路大震災でした。

能登半島の地震とはどんな地震なのか

――能登半島の地震はその100の中の活断層で起きたのですか。

残念ながら、多くの部分はその100の中の活断層ではないんです。活断層の調査はしやすいところからやっていまして、100か所調べたのは陸上にある活断層です。

そもそも能登半島の地震は、海域で起きた地震です。そうするとプレートの境界部で起きた地震だと誤解されるのですが、プレートの中で起きた地震のひとつです。津波がありましたから海で起こった地震には間違いないのですが、日本列島ができたときに作られた古傷が再活動して起きたんです。

ただ、以前から、海域の調査によって、ここに活断層があることは知られていたんですね。日本海溝ではなく、日本海の地震と津波の調査をしたところ、過去に地震を起こしたような痕跡があると。産業技術総合研究所の地質調査総合センターの発行している地図にも海底の活断層として載っています。

能登半島の地震がどのような地震であるのか、それを伝えようとすると、このような基本的なことを踏まえたうえでないと、なかなか正確なところが伝わらないんです。

――そのようなことを含めたうえで、能登半島の地震についてお聞きしたいのですが。

まず簡単にひと言でいえば、能登半島の地震はプレートの内部で起きた、M7・6という非常に大きい地震であるということ。冒頭で述べたように東北地方太平洋沖地震はM9・0で、日本の観測史上いちばん大きな地震です。熊本で起きた地震でいちばん大きいのはM7・3。比較してみるとだいたいの大きさがわかります。ただし、

Mは地震によって放出されるエネルギーの対数に比例するので、すこしわかりにくいです。Mが0・3大きくなると、約2・8倍のエネルギーになります。ですので、元日のM7・6の地震は、熊本のM7・3の地震の約3倍の大きさの地震といえます。

先ほどもいったように、この地震は群発地震活動の中で起きた地震です。ここで、人が地震を感じ始めたのは2020年の12月からですが、2018年からすでにその前と比べると地震は少し増えていました。3年もの間、まとまった地震活動が続くのは珍しいことです。群発地震の多くは火山に関連した活動で、伊豆半島でも長く地震が続いたことがあります。たとえば、2000年の三宅島、神津島、新島付近の群発地震活動は、火山の噴火に関連して起きた活動です。しかし、能登半島には火山がないですから、これはかなり不思議なことでした。

ひとついわれていたのは、地下深部、30kmとか40kmぐらいの深部と、もうひとつは300kmか400kmぐらい（これは太平洋プレートを含む沈み込んでいるところ）から、水が地表に向かって動いていくことによって、地震が起きやすくなっている（地震活動は駆動されている）という考えです。それを支持するようないくつかのデータがあるんですね。

その中で重要なものに電気伝導度、電気の流れやすさを調べたデータがあります。

岩石中では基本的には電気が流れないのですが、岩石の中に水があると電気が通ります。たとえば軽石みたいにスカスカな岩の中に水を入れると、水の通り道（ネットワーク）ができる。水はよく電気を通しますから、電気伝導度が高くなります。その電気伝導度を調べる研究によって、能登半島の下では電気をよく流すような領域があるということがわかってきました。能登半島の下に流体（純粋なH_2O以外にも塩や岩石を構成する化学成分が含まれる液体やガス）があって、それによって群発地震が起きているのではないか、といわれていた。

水のような流体が能登半島の下、深部にあることは確かだと思いますが、では、なぜ水があると地震が起きるのかというのは、じつはあまりよくわかっていないのです。流体が流れ込んでくると岩石により強い力が加わる可能性があります。それと、流体があると岩石が壊れやすくなるというふたつの理由があるのですが、詳細は不明です。

しかし、大きな地震が海域で起これば津波がくるし、陸域でも強い揺れになる。そうした地震が、群発地震の中で起きる可能性は指摘されていました。実際に２０２３年５月５日、珠洲（すず）市でＭ６・５の地震が起きていました。

一方で先ほどもいったように日本海が拡大したときにできた古傷、地震や津波を起こすような海底の地形があるとは推定はされていました。西から、門前沖、輪島沖、珠洲沖に海底活断層が知られていました。それらはすでに研究され、海底に地震を起こした痕跡があることはわかっていました。しかし、地震調査委員会の認定した「主な活断層」には入っていませんでした。評価作業が間に合っていなかったのです。

２０１１年に東日本大震災の津波の被害を受けて、国が各都道府県に向けて津波が来るかどうか、きちんと評価しなさいという法律（津波対策の推進に関する法律）を作った。石川県もそれに基づいて調べ、その古傷が活断層だとなったのです。日本海の東縁部、能登半島の沖合に、津波を起こすような海底の活断層がある、過去に何度も地震を起こした地学的な証拠があるとわかっていたんです。

そして津波の被害想定も出しています。「地域防災計画」でも、また簡易版として「津波浸水想定調査」でも、平成23年（２０１１年）度に調べたものを24年（２０１２年）3月に発表しています。

――地震が起きる可能性はあると石川県はわかっていたということですね。

そうですね。能登半島の地震が起きたときに想定された海域の活断層との関係を、記者会見ではよく聞かれました。そうはいってもすぐには断定できません。地震以降、海上保安庁の調査が進み、3月に入っていくつかの海底の活断層が動いたという証拠が出てきたので、「海域の活断層が動いた」という評価になりました。

ちょっと話が飛んでしまいましたが、能登半島の地震とはどういう地震かをまとめると、地学的にはプレートの内部で起きた地震ですが、内部といっても日本列島が形成されたときにできた陸に近い海域の古傷が、再活動したということになります。

プレートの境界で起きる地震はM8、M9という大きな地震になりますが、内陸ではそんなに大きい地震はありません。つまり今回の地震のM7・6というのは最大クラスの内陸の地震です。先ほどもいったように熊本地震や阪神・淡路大震災を起こした地震はM7・3ですから、0・3しか違わないのですが、0・3は対数なので、エネルギー的には3倍ぐらいの非常に大きな地震であったということになります。

しかも強い揺れが起きただけではなく、強い揺れが広い範囲にわたっていることが重要です。このふたつの要素から大きい地震ということになります。能登半島全体が震度6弱とか非常に揺れました。石川県の加賀市、新潟県の佐渡でも震度5強でした。佐渡から加賀まで、300㎞ぐらいはある。これを熊本や神戸の地震に比べると、強く揺れた面積が、2、3倍になります。人や家屋の密度が同じ程度であれば、被害は2、3倍になります。実際には、神戸の人口や建物の密集度が非常に大きかったので、揺れの広がりから、被害の規模を簡単に推測することはできませんが。

――地震そのものが大きく、その結果、広い範囲で強い揺れになったということですね。

もうひとつ大事なことは、津波が起きたということです。能登半島の地震では東日本大震災以降、初めて大津波警報が出た。東日本大震災のときに気象庁が3m以上の津波が来ますよといったら、みんな3mばかりに気持ちがいって、「以上」に注意しなかった。うちの前は5mの堤防があるから大丈夫だといって逃げなかった人がいるといわれていました。それを受けて気象庁は、大津波警報や津波警報のときに、第一報ではもう何mではなく、巨大とか高いとかしかいわないようにした。

地震が起きたのが午後4時10分。2分後には、気象庁は「津波警報」を出しています。12分後にこれを「大津波警報」に切り替えた。急いで出したんですけど、輪島港には4時10分、つまり地震発生とほぼ同時に第一波が来ているので、間に合わなかった。富山は4時13分、柏崎は31分、新潟は56分に来ているので、間に合っています。

観測点	第１波到着時刻	最大波到着時刻	波高（m）
輪島	16:10	―	―
富山	16:13	16:35	0.8
柏崎市鯨波	16:31	16:36	0.4
金沢	―	17:04	0.4
新潟	16:56	17:09	0.3
飛島	16:57	17:17	0.2
佐渡市鷲崎	16:32	17:09	0.2
深浦	17:02	17:07	0.1

観測された津波（能登半島の地震（M7.6）発生時刻１月１日16時10分）

住民は警報を聞いてちゃんと逃げているので、この警報には意味がありました。

そして津波の高さですが、最初に公表された観測データでは、輪島港１・２m以上、富山は80㎝、柏崎、金沢は40㎝です。大したことがないというような印象をちょっと持ちます。これはじつは津波の観測所での記録がそうなっているということです。輪島港が１・２m以上となっているのは、計測計が振り切れてしまった。津波計自体が壊れてしまったので記録ができなかったということなんです。気象庁は、後日、「１・２m以上」という数字自体に意味はないといって、公式の記録からは削除しました。

しかし、その後、調査をすると半島の西岸、赤崎漁港では４・２mの津波が来ていた。七浦（しつら）漁港でも３・３m。ということは、大津波警報の予想は当たつていたと思います。建物などに津波の跡が残っていますし、防犯カメラで調べると、非常に高い津波が来ていたというのがわかったんです。西側の津波の高さと、北側の輪島港のデータでは大したことがないように見えるのは、能登半島が隆起したからなんですね。

さきほど逆断層の話をしましたが、今回の地震では南東側（半島側）が北西側（海域側）に乗り上げる逆断層運動が起きることで能登半島は隆起した。さらにこの地下のすべりは最大で９ｍぐらい、能登半島の西側では地表で４ｍ隆起した。これは人工衛星で測定している値です。

それから能登半島は西の方にも動いたということがわかっています。断層の手前の能登半島が西に動いたというのは、向こう側（海域側）が東、つまり、右側に動いたということです。地震でズレる面（震源断層）の手前から見て、反対側が右側にズレる運動です。ズレていくどちらの側から見ても、向い側が右側にズレていくから、右横ズレ運動といいます。能登半島の地震は右横ズレ運動を伴った逆断層運動というのが実態です。

たとえば国土地理院が撮った珠洲市長橋町付近の航空写真では、波打ち際が沖合の

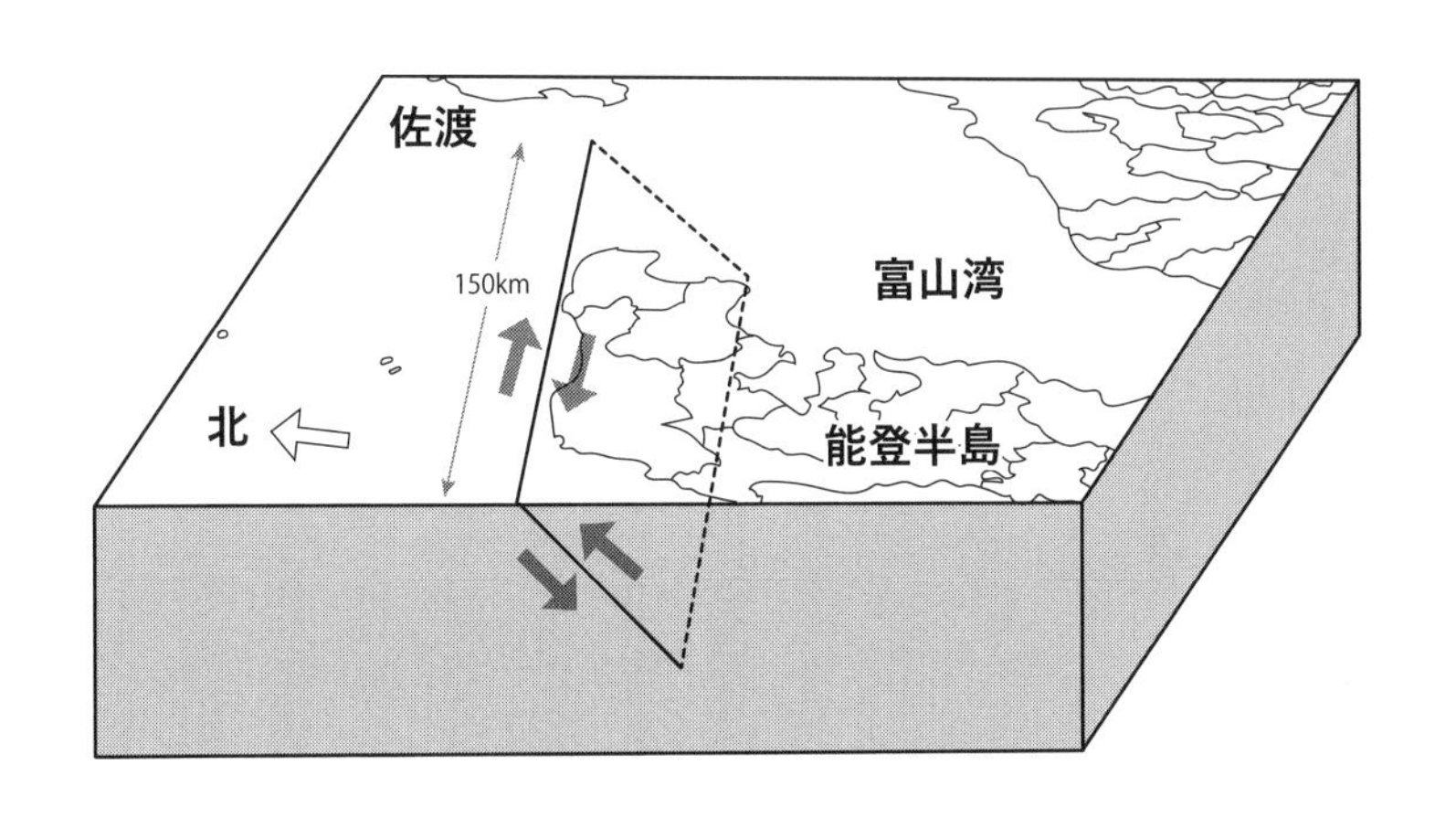

約40秒間に能登半島の地下に長さ約150kmの断層が形成された（気象庁資料に著者が修正・加筆）

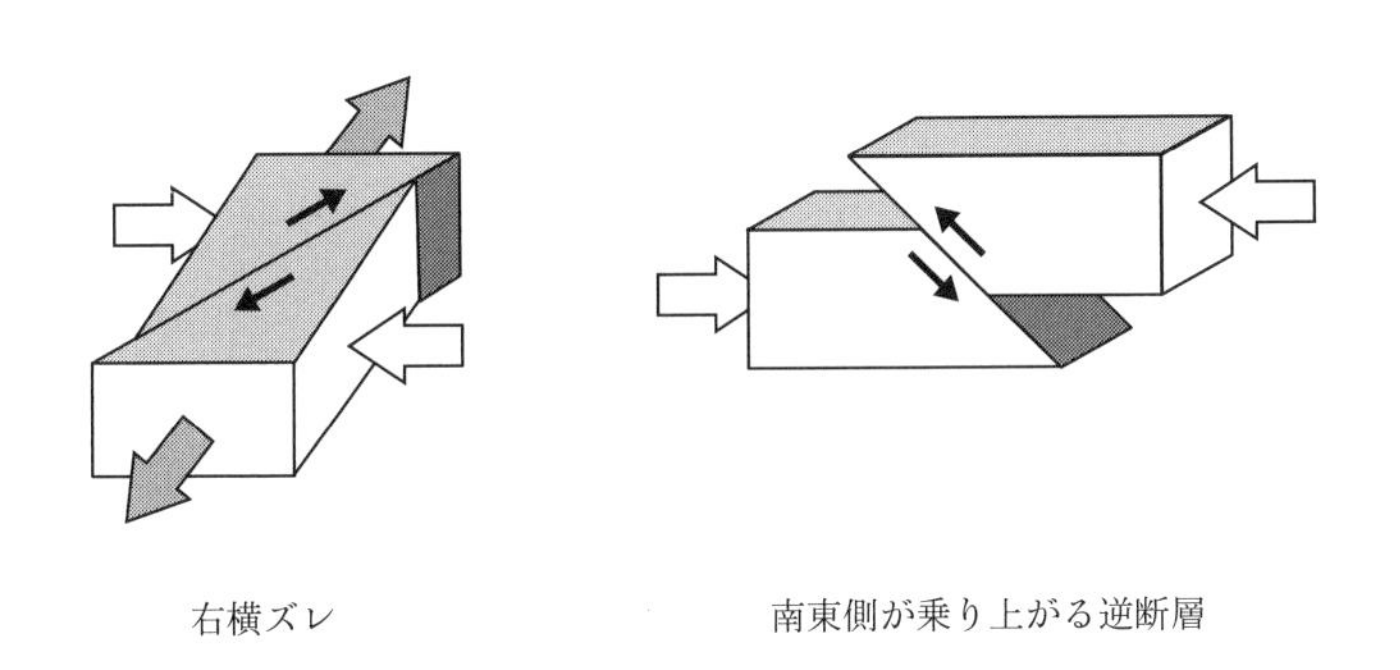

方に後退している。ここの陸が隆起したために、海岸線が沖側に動いてしまった。半島の北西岸全域が陸化したといういい方をします。私が現地調査をして撮った鹿磯漁港の写真がありますが、立派な漁港があったところに陸が広がり、岸壁が４ｍ隆起している。かつての海面付近に貝殻などがついているのがわかります。この隆起はおよそ40秒間の間に起きました。地震波の記録の解析で、差し渡し１５０㎞の震源断層が約40秒間に形成されたことがわかったのです。現地の人々の感覚では、この地震で海面が４ｍ沈下してしまったということですが、実際には、陸側が隆起したのです。

このような隆起を「海成段丘」といい、能登半島の北西海岸付近には海成段丘があることが知られていました。６０００年間に3回、このような隆起が起きたことがわかっていて、もともとは水に浸っていた場所が2層の丘になっています。今回の地震でまた新しい海成段丘が生まれたということです。漁港が使えなくなってしまったのは大変なことですが、ここが隆起したことで津波が来ても被害が大きくならなかった。ある意味相殺されたんだと思います。

同じような地震には、１９６４年の新潟地震、１９８３年の日本海中部地震、１９９３年の北海道南西沖地震があって、津波が来ていますから、日本海の東縁部では津波

地震前
(2010年4月撮影)

地震後
(2024年1月2日撮影)

国土地理院空中写真による地殻変動(珠洲市長橋町付近)

現地調査による沿岸域の隆起(鹿磯漁港、2024年3月15日、筆者撮影)

にはつねに注意をしなければなりません。海岸に近いところで地震が発生するため、発生してから海岸に津波が到達するまでの時間（猶予時間）が短いことが、防災上注意すべきことです。

能登半島では、２００７年にも輪島付近で地震があり、珠洲市ではつい１年前にありました。大きい地震でしたが、それほど被害がなかった。しかし、新潟や北海道西方の地震と地学的な環境が似ているということを理解して、地震に対する備えをすべき場所だったと思います。

なぜ、被害が大きかったのか

――ここからは被害状況についてお聞かせいただけますか。

人的な被害ですが、石川県で亡くなった方は２９９名（うち災害関連死70名、２０２４年7月18日現在）です（石川県が発表している「令和6年能登半島地震による人的・建物被害の状況について」令和６年７月18日第１４６報）。[*1] 住宅被害は全壊は８００１棟、半壊が１万６８１１棟となっています。

新潟県は全壊が106棟、半壊が3774棟、[*2] 富山県が全壊251棟、半壊776棟となっています。[*3]

熊本地震と比べてみましょう。地震で亡くなった方は273名、そのうち地震で直接亡くなった方は50名です。全壊が約8700棟です。熊本地震のときは災害関連死が223名います。

人数だけで単純に比較すると熊本地震の直接の死者50名に対して、能登では230名ですから、4倍です。150㎞の断層が動いたので、範囲が広いということがその一因であると思います。

それと熊本地震ではピーク時に約18万人が避難しているのですが、能登半島の地震では1月2日に約4万人の方が避難しています。そもそも奥能登2市（輪島市と珠洲市）2町（能登町と穴水町）を合わせた人口は約6万人ですから、そこから見れば半数超の人が避難したことになります。人口比で見ると亡くなった方は多いですね。一方で熊本では避難後の災害関連死が多くなります。

能登半島の地震の被害が多かった理由のひとつに、耐震化率が低かったことがあげられます。全国の耐震化率は約87％、対して石川県輪島市は45％、[*4] 珠洲市が51％。[*5] さらにいまの耐震基準になる前の１９８０年（昭和55年）以前に建てられた建物の比率が能登半島では非常に高いと総務省の「平成30年住宅・土地統計調査」をもとにした分析からわかっている。このデータをもとに２０２４年2月2日に各メディアが発表したところでは、珠洲市が65％で全国市区町村の中で最も高く、能登町が61％で全国2番目、輪島市が56％で5番目と突出しています。

私も現地に行ってきましたが、珠洲市の市役所は耐震化しているので壊れていないにもかかわらず、ひと筋通りを入ると家がぺしゃんこになっていました。ただし屋根の瓦は落ちずにそのままになっているところが多く、ブルーシートをかけていない。能登瓦という有名な瓦なのだそうです。壊れてないいんですね。

――なぜ耐震化が進まなかったんでしょうか。

高齢化率が全国でも高いからです。そして過疎地だからですね。

阪神・淡路大震災のときに、当時の新耐震基準、１９８１年以降に建てられた建物でも被害が大きかったので、２０００年にまた建築基準法が改正されました。その耐震基準で建てた家なら大きな地震にも耐えますが、古い建物はもたなかった。古い建物に高齢者がひとりで住んでいるのが非常に問題です。

先ほども申し上げたように能登地震では熊本地震よりは災害関連死が少ない。避難した人が少なかったことと、さらに、石川県は二次避難を懸命にやったことが功を奏しました。

それでも孤立したり、高齢の人が逃げられなくなったという問題はあります。それと空き家も非常に多かったそうです。そこが潰れると道路が閉塞するし、その復旧の妨げにもなります。

先ほど人口比率で見ると死者が多いといいました。奥能登2市2町、6万人の方がいる中で、約250人が亡くなった。全体の0・4%になります。この6万人が60 0万になれば100倍ですから、2000人は2万人になります。6000万人は東京23区の人口よりも少ないです。東京都は大きな地震がきたときの死者の被害想定を約6000人といっている。これは先ほどの100倍2万人の半分以下の数字です。東京は耐震化が進んでいるからいえることなんです。

それと石川県は断層での津波の想定はしていたのですが、その活断層による揺れの被害については、検討していませんでした。今回被害があった地区よりむしろ、金沢により近い、地震本部が調査している邑知潟（おうちがた）断層による被害をいちばん警戒していました。石川県にとっていちばん困るのは、金沢の下で地震が起きることです。人がたくさんいるわけだから、被害は大きくなります。この金沢に大きな被害が発生する想定自体は適切なことですが、せっかく津波被害の想定をした海域の断層によって揺れの被害が起きることを想定しなかったのは不思議なことです。

家だけではなく、道路も同じことです。のと里山海道は、奥能登半島唯一の「高規格幹線道路」です。しかし、自動車専用道路といっても、片側1車線の道路です。海岸沿いの道路は「高規格幹線道路」になっていません。明らかにインフラに対する手当てが悪かった。でもそれは石川県だけの問題ではありません。そもそも人がいないんだから、そこにお金が投入できないということなんでしょう。過疎化の問題は、非常にむずかしいです。

――能登半島の地震では避難所があまり作れないという報道もありました。

私設避難所の様子が報道されていましたね。だけど、これは全国でも周知されるべきだし、東京でもそうするべきなのですが、家が壊れていなければ、自宅で避難するのが基本です。今回は、電気・水道・ガスが止まってしまいました。とくに水道が使えないので多くの人が避難所に行きました。そして高齢者が遠くにある避難所に行けないから近所の私設避難所に行ったんですね。そこに人がまとまっていれば、水などが補給されます。支援もしやすい。

――水道の復旧がかなり遅れています。

とくに珠洲市の水道の復旧は遅れていますね。それはどうしてかというと水道管がボロボロだからなんです。耐震化されていないんですね。

水道管の耐震化率は東京でも非常に低いです。何しろ地面の中に埋まっているので、壊れるまでわからない。掘り返して整備するのはものすごくお金がかかります。でも考えてみれば昔はどこにも水道なんてなかったんですよね。井戸水を使っていた。

日本の水道法は非常に厳格で、毎日水質が安全に保たれた水が出るのはいいことです。けれど何かがあったときに、水道管が使えなくなり、それで生きていけないというのは困るわけです。きちんと水道管を耐震化するという施策と同時に、水道管が使えなくなったときにどうしたらいいかということぐらいは、やはりしっかりと考えておく必要があります。

東京も昔は井戸水を使っていましたが、工業用水を組み上げたり、汚染されたりしたので、使わなくなってしまいました。熊本も水道は相当被害に遭いましたが、地下水が阿蘇山からの流れで豊富なんですね。それを濾過して使いました。透析をする人など、どうしても水がたくさん必要になる人に、水道水を割り当てたんです。

いまは遠いところから水道を引いてきて、山奥の人も水道を使っているから、それが壊れてしまうと非常に困難が生じる。水洗トイレですしね。水洗トイレは衛生上極めて重要で、もちろん必要ですけれど、昔は水洗トイレがなくても成り立っていたわけです。被災地では壊れていない家屋の庭に仮設トイレを置いてあるところがありました。くみ取り式のトイレを残しておけばいいとは思いませんが、水洗のトイレが使えなくなったときのことは考えておくべきです。水とトイレは我々現代人の弱点ですね。

行政も在宅避難を中心に、きちんと支援する仕組みを作っておくべきです。都市部でも過疎地でもそれぞれ、小規模の水道をきちんと維持する施策を考えておくべきです。過疎の問題は地震が起きるとよりクローズアップされるわけで、大きな地震が起きれば日本のあちらこちらで孤立する場所が出るでしょう。こちらも考えておかなければなりません。

地震の確率について考える

――南海トラフ地震が30年以内に70％から80％の確率でくるという予測と、能登半島での地震予測の確率が低かったことについて、この予測が妥当でないなどの記事が新聞に出たり、テレビでも報道されました。それについてうかがいたいのですが。

そのことにお答えする前に、そもそも南海トラフの巨大地震とはどういう地震かを説明します。

基本的にプレートの境界で起きる地震で、西南日本の太平洋沖には南海トラフという深い海があって、そこからフィリピン海プレートが西南日本の下に沈み込んでいます（11ページの図参照）。このプレートの境界で、２０１１年に起きた東北の地震と同じような地震が起きる可能性が高い。どうして起きると予測しているかというと、過去に繰り返し起きたからです。地震計や津波計などの機器は明治時代に発明された機器ですから、江戸時代やそれより昔の時代では機器によって地震の大きさを測るということはできません。しかし、日本には人々が紙に記した地震の記録があるんですね。揺れによってどの町や村が大きな被害があったか、高い津波によってどのような被害があったかということが記されている。

関西は日本の文化の中心であったこともあり、７世紀ぐらいまで資料を遡ることができます。こうした研究によると南海トラフでは繰り返し、１００年から２００年周期で大きな地震が発生しています。いちばん最後に起こったのが、１９４４年の東南海地震（Ｍ７・９）と１９４６年の南海地震（Ｍ８・０）です。それから80年は経っているので、そろそろ地震が起きてもおかしくない状態なのです。これが大まかな南海トラフ地震の予測ですね。

残された記録は、古い時代の話なので曖昧なものでしょう。でも近代的な観測が行われていない以上は、それを使わざるを得ない。少々不確実性があっても、やっぱり使った方がいいというのが私の立場です。

そして南海トラフと能登の確率の問題ですが、そもそも、70、80%という数字が大きいことや、能登半島全体として確率が低いことを批判することが、誤解なのです。確かに、80%の確率で地震が発生するというと、すぐにでも地震が来そうだという気がしますね。しかし、たとえ30年に3%の確率で強い揺れが発生するという値でも、地球上全体で見てみると、大変高い値なのです。GEM(Global Earthquake Model Foundation 世界地震モデル財団)[*6]という国際組織が、世界の強い揺れの可能性を評価した図を公表しています。この図には、日本についてのデータとして地震本部の「全国地震動予測地図」を作るときに用いられたデータが使われています。これを見ると、日本列島全体がいかに地球上の他の地域に比べて、地震の確率が高いかがわかります。

次に地震においての「リスク」についてお話してみます。

リスクは日本語でいえば危険性のことです。危険の可能性があるというふうにふつうは理解されます。つまり、統計学の言葉でいうと、影響度と発生の確率を掛け算した値、期待値、それがリスクであるということになります。

リスク=影響度×発生確率

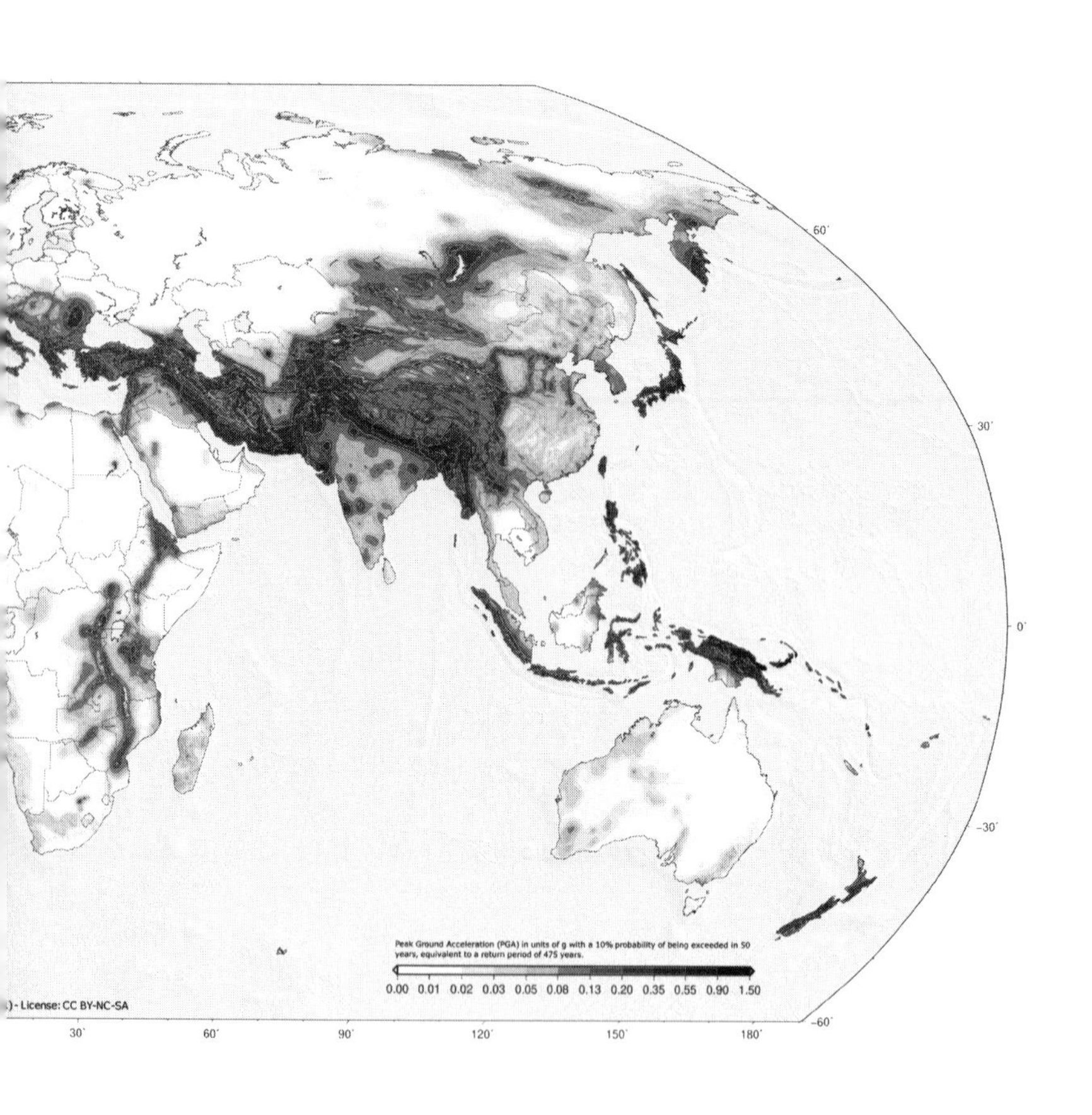
60˚
30˚
0˚
-30˚
-60˚
Peak Ground Acceleration (PGA) in units of g with a 10% probability of being exceeded in 50 years, equivalent to a return period of 475 years.
0.00 0.01 0.02 0.03 0.05 0.08 0.13 0.20 0.35 0.55 0.90 1.50
)- License: CC BY-NC-SA
30˚
60˚
90˚
120˚
150˚
180˚

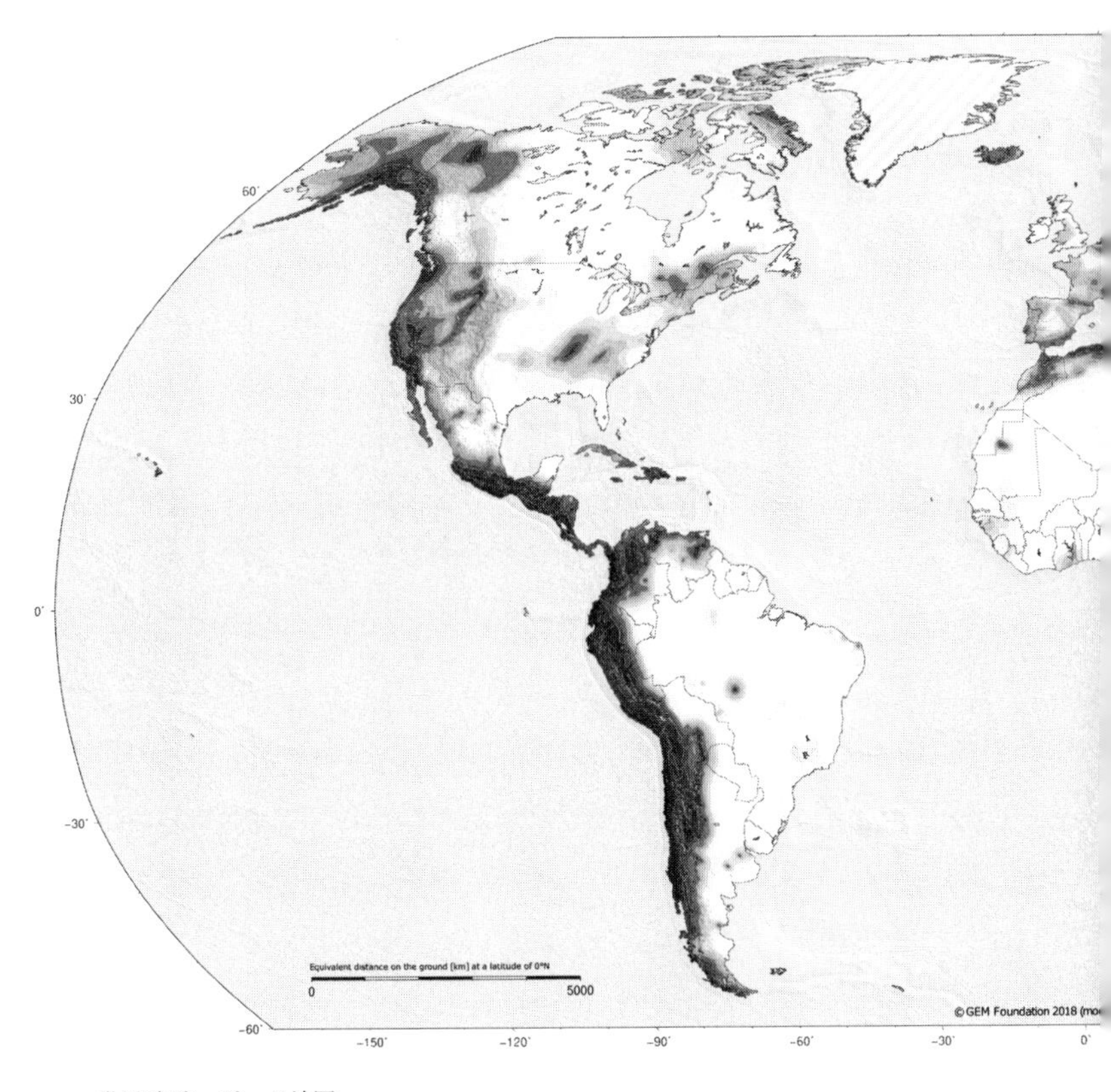

世界地震ハザード地図

(Global Earthquake Model Foundation 世界地震モデル財団)

つまり、被害が大きいものの発生の可能性が高い場合が、リスク、危険性であるということです。ところが経済学や金融の業界では、リスクを不確実性であるといいます。金融商品、株や投資信託に投資するときに、リターンが大きいものがいいに決まっているのですが、それはハイリスクになるといわれます。よくいうハイリスク・ハイリターンです。ここでいう、リスクが大きいということは株値などの変動幅が大きいことを指します。逆にリスクが小さいとは変動幅が小さい。つまりここでいうリスクは不確実性のことなんです。変動幅が大きいということは不確実性が高いということになります。不確実であるということは、危険性があるということなんですね。地震の場合の危険性もやはり、これは不確実性が大きいということが、重要なんですね。

不確実性には、じつは2種類あります。ひとつは、本質的に不確実なことです。たとえば野球のバッターを例にとってみます。大谷（翔平）選手がホームランを打つ確率が高く、ヒットの確率が3割のバッターだといったときに、10回のうち3回は打つけど7回は打たないということですね。10回のうちの3回ですが、バッターボックスに入って3回ごとに等間隔に必ず打つわけではなくて、2打席続けてホームランということもあるし、一試合で一度も打たないということもあるわけですね。これが本質的な、偶発的な不確実性です。

それに対してもうひとつ、認識論的な不確実性というものです。これは知識が足りないとか、よく理解できないとか、そういう不確実性というものがあります。野球のバッターの例でいえば、ルーキーが始めて打席に立ったときには、その選手が打つかどうかは、かなり不確実です。その選手に関するデータ（知識）が少ないからです。勉強したり、知識が増えたりするとこの不確実性は減ります。

そして、偶発的な不確実性は、統計を取って評価できます。たとえば南海トラフで地震を考えるときに、１００年から２００年間隔で地震が起きることが知られています。ただし歴史的な記録から見ると、１０００年以上前、地震と地震の間は約２００年くらい間が空いています。ですが、西暦の１３００年くらいからは１３７年、１０７年、１０２年、１４７年、92年とだいたい１００年くらいの間で推移しています。１０００年以上前でも地震と地震の間に本当はもっと大きな地震があったかもしれないけども、発見されていないものがあるから、わからないんだというふうに思ってください。

次ページの図を見ると、地震の起き方には、本質的なバラツキがあるということがわかると思います。そして統計をとるときに、1300年より前の康和・永長地震、仁和地震、白鳳（天武）地震をこの統計の中に入れるか入れないかは、ある意味、認識論的な評価になるんですね。

大昔の地震も津波の形跡があって、記録が取れているのなら、自然現象として入れておこうとすると、そのころはほぼ200年、間があいていると考える。これから研究が進んでこれ以外の地震が発見されることがあるかもしれないし、地震はなかったのだとわかるかもしれないから、とりあえずよくわかる最近のものだけを使いましょうという評価もある。いまはこちらの考えを使っています。しかし、地震ひとつひとつをよく見ると、明応地震は東側だけでしか起きていないし、慶長地震は津波だけが来たかもしれないなどと考える人もいる。それで、いちばん確実な宝永と安政と昭和しか使わないという考えもある。この表（次頁）のIからVまで全部使いましょうという考えもある。これは認識論的な不確実性なんです。

このIからVまでそれぞれ計算すると、数字は大きく変わってきます。30年以内に南海トラフ地震が発生する確率は、どの時点で評価するかということで本当に変わっ

年	地震名	I	II	III	IV	V
684.9	白鳳（天武）地震	○	○			
887.7	仁和地震	○	○			
1098.1	康和・永長地震	○	○			
1361.6	正平（康安）地震	○	○	○	○	
1498.7	明応地震	○	○	○	○	
1605.1	慶長地震	○		○		
1707.8	宝永地震	○	○	○	○	○
1855.0	安政地震	○	○	○	○	○
1946.0	昭和地震	○	○	○	○	○

地震調査研究推進本部地震調査委員会、南海トラフの地震活動の長期評価（第二版、2013年5月24日）

＊1361年以前の地震も含むケースⅠとⅡについては、地震の見落としの可能性があるため参考として扱う。

てくるわけです。データの選び方によって、確率が変わる。

もうひとつは、どういうモデルを使うかということによっても、確率は変わってしまうんですね。地震発生の長期予測で使われるモデルは、BPT（ブラウン経過時間）モデルとポアソンモデルです。BPTモデルは、一度地震が起きるとしばらく起きないで、時間が経つとまた起きますというもの。ポアソンモデルは、地震は時間的に不規則に起きるというものです。プレート境界の巨大地震はこのBPTモデルを、南関東のうちのM7ぐらいの地震についてはポアソンモデルを使う。南海トラフ地震の長期評価では、I

からVのどのデータを使うか、どちらのモデルを使うかによって、30年以内に発生する確率は20％から70％、80％までと変わります。

さらにBPTモデルにはモデルパラメーター（変数）がふたつあります。その選び方によって確率が変わってきます。ふたつのパラメーターは、平均発生間隔と発生間隔のバラツキを表すパラメーターです。このうち、平均発生間隔を、時間予測モデルを用いて求めて、これを使ってBPTモデルで地震発生確率を推定した時、いろいろな確率のなかで最大になりました。

——南海トラフ地震が30年以内に来る確率が時間予測モデルを使うと70、80％になり、高く見積もり過ぎてしまうのではないかとメディアが指摘したのですね。

はい。一部の研究者やメディアが、高知県の室津港の測量データは誤差が大きいので、科学的に意味がないという主張をしています。このデータを採用するのは南海トラフの確率を水増しして南海トラフ沿いの自治体への補助金を大きくするためなんだというストーリーです。ほんとに「確率が水増し」されたことで、補助金が大きくなったという話は聞いたことがありませんが、私は、この評価の科学的な面について説明します。

橋本・他（２０２３）[*7]の研究で室津港の記録には誤差がいろいろあるということが調べられました。記録を調べて誤差が大きいことを明らかにすることはいいことだと思います。ただ地震計も津波計もない昔の話は、古文書の記録に基づく手法しかないんです。それでも古いデータも使うべきだと私は思います。現在のように精度のよいデータのない時代の数字についても、誤差を評価したうえで積極的に用いる必要があります。海域で発生する地震は内陸で発生する地震に比べて発生間隔が短いといっても、巨大地震は、１００年とか２００年に一度起きる現象です。

先ほどもいいましたが地震計や津波計が発明されたのは明治時代で、私たちはせいぜい１００年程度の期間の高精度のデータしか持っていません。地震活動を評価するためには、それより長い期間のデータがぜひ必要なのです。日本は世界でも稀有な「書かれた記録」、つまり、歴史が残っている地域です。地震の研究をするうえでは、歴史記録を用いる必要性があるのです。現在では、歴史学者と地震学者が協力して、歴史地震学という分野が開発されています。

歴史地震データを用いるときには、どのデータを選ぶのか、どのモデルを選ぶのかという、認識論的な不確実性が非常に大きいことに注意が必要です。個々の記録の不確実性を詮索して、その記録を使うのが非科学的であるという主張には、賛成できません。

問題となっている時間予測モデル自体については科学者の間でもいろいろと議論があるので、そういう議論はきちんとやるべきだし、データの精度についても検討していく必要があります。だからデータの不確実性の検討は今後も続けていくべきです。ですが、そもそもが「不確実」なんですね。地震が起きる確率が20％ぐらいから80％ぐらいの範囲にある、そのような範囲でしか表せないくらい不確実だということなんです。この不確実性が、地震のリスクそのものです。

――もし、こういった巨大地震が南海トラフで発生すれば、どのような被害が起きるのでしょうか。

まず日本列島の西半分が非常に強い揺れに見舞われますね。中央防災会議が、南海トラフでM９クラスの地震（東北地方太平洋沖地震と同じくらいの規模）が発生すると、神奈川県の西部から鹿児島県にかけて広い範囲で震度６弱以上の強い揺れに見舞われると予測しています。震度６弱というのは、耐震化されていない木造家屋が倒壊してしまう恐れがあるような強い揺れです。地域によっては、震度７のエリアもあるかもしれません。

そして東北地方太平洋沖地震による津波と同じように非常に高い津波が押し寄せてくることが予想されています。中央防災会議は津波を起こす断層の動きについて、11のケースを検討しました。東海地域で一番高い津波が来るケースでは静岡県下田市では、30ｍを越える津波が来ることが予想されています。この被害想定の中で一番高い津波が来るのは高知県黒潮町で、最悪の場合、34ｍの高い津波が来ると考えられています。

30ｍの津波はもちろん非常に高い津波ですが、大人でも30㎝の津波が来れば動けなくなります。海岸（ビーチ）で30㎝の津波が来て、引き波になれば沖合にさらわれてしまいます。１ｍの津波が来れば乗用車が流れ、３ｍの津波が来れば柱と梁による在来工法の木造家屋は浮き上がって流れてしまうわけです。

このような超巨大地震が発生すれば、国の想定では30万人を超える方が犠牲、あるいは、行方不明になるといわれています。

国がこのような被害想定をだすのは、戦中と戦後すぐに起こった東海地域と東南海地域の地震から80年が経過しているからですね。いつ起こってもおかしくはない。だから30年以内に70％から80％の高い確率でM８から９の地震が発生する、ということになるのです（このような被害想定を前に、どのような準備をしたらいいかについては追ってお話しします）。

また、南海トラフ地震の長期評価について、科学的な議論が「隠されている」というような主張が一部メディアにありますが、このデータとモデルについての数字は地震本部の報告書[*8]には全部書いてありますし、公表されているので、誰でも確認することができるものなんです。もし、高い確率の値しか使われていないと主張するのであれば、公表された報告書を正確に読んでからにしてほしいと思っています。

繰り返しますが、ふだんは安全に暮らしていても、いったん地震が起きるとひどいことになるという、不確実性そのものが、地震のリスクであるということをまず理解していただきたいですね。

――「全国地震動予測地図」[*9]では、南海トラフ地震に目が行き過ぎて、能登半島では地震が来ないと思われたから企業誘致をしていたのだとされています。

能登半島全体は確かに、日本列島全体で見ると相対的には確率は低かったんです。でも、輪島市とか珠洲市の非常に揺れたところの強震動の確率は高いんですよ。能登半島は全体としてみれば岩でできていて山ですから、山には人は住めなくて、海岸沿いとか川沿いの砂が打ち上げられてきて積もったところに、土地ができ、そこに人が住む。残念なことに、そういう土地は地盤が弱くて揺れやすいんですね。そういうことも「全国地震動予測地図」には書いてあるんです。何しろ、250m四方で細かく予測が書き込まれているので、拡大してみると、珠洲市や輪島市の市街地など被害が大きかったところで揺れる確率が高いことがわかります。

地震が少ないと安全をうたって企業誘致をしたそうですが、じつは、誘致された工場は壊れてないんですよね。もし企業誘致をするのなら、うちは揺れますが、きちんと建てれば壊れませんとそういう宣伝をして集めればいいのであって、他よりも確率が低いということをことさら強調することはないと思います。「全国地震動予測地図」は、日本中どこでも強く揺れない場所はないということと、たくさんの人が住んでいるところはどこも大変揺れやすいことを示している重要な情報源です。

つねに準備をしておく

――阪神・淡路大震災、東日本大震災、熊本地震、能登半島地震と、この数十年の間にも

大きな地震とそれによる被害を目にしています。地震直後は報道に釘付けになって、明日は我が身とは思ってはいるのですが、時間が経つとまたしても日々の生活に流されてしまいます。今日のお話をうかがっていると、日本列島で暮らしているというのは、地震とともに生きるしかないということなのですね。

私が常々思っているのは、地震は自然現象だということです。自然現象としての地震の特徴は、大きな地震と小さな地震があって、大きなものは稀に起きるけれども、小さなものはしょっちゅう起きている。

たとえば関東なら、体には感じませんが、少なくとも1時間に数回ぐらいは地震が起きています。風が吹くのと同じです。いつもはそよ風が吹いていますが、台風が来ると風速何十メートルというような強い風が吹き被害が出る。同じように大地はつね

に揺れていますが、非常に強い揺れはたまにしか来ない……これが日本に住んでいる人々が基本的に理解するべきことなんです。Ｍ７ぐらいの大きな地震は、日本全体で見れば、１年に１回ぐらいは起きています。Ｍ６ぐらいのものはひと月に１回ぐらいは起きている。気象庁のデータを見ていればわかります。

ただし先ほどもいったように、野球選手のホームランと同じように続けて起きるときもあるし、起きないときもある。大きな地震は１００年単位で平均をすれば、１００年に１回ぐらいは起きているけれど、人ひとりの人生の中のこととして見れば、本当に稀に起きる現象だというのは、確かなことです。でも、自分で経験していなくても、日本全体で見れば地震はしょっちゅう起きるということを理解するべきなんですね。

多くの人がいつどこで地震が起きるのかという地震予知を好みますが、それは多くの人がしばらくは自分のところでは起きないというふうに読み替えるからです。そもそも事前に地震を予知することはできないです。仮に関東で５年後に巨大地震が起きる可能性が何％あるという地震予測が出ると、関西の人は関西では起きないと安心してしまうんです。

5年後に地震が発生するという地震の予測をしたときに、メディアはそれまでに準備をしましょうという報道をするでしょうか。どちらかというと、あと何年間かは地震が起きないというニュアンスをつけてしまう。これではやはりいけないんですね。

地震予知はできませんが、南海トラフで巨大地震が起きた場合は、起きた後で、注意情報や警戒情報が出ます。「ふだんに比べて地震の発生する確率が高くなりました」という巨大地震警戒は出るんです。でもこれが出されるときは、すでにM8を超える大きな地震が南海トラフのどこかで起きたときです。後なのです。これは、その近隣、それを含んだ領域でまた起きますよという警報なんです。大きな地震は一度起きるとまた起きると思ったほうがいいというのが、ふつうの防災上の注意点です。

――東日本大震災のときは、1000年に一度の地震だといわれていました。

確かにあの場所ではM9は大ざっぱにいって1000年に一度しか起きないといえなくもない。

これは地震学も悪くて、地震は一度起きるとしばらくエネルギーがそこに蓄えられるまで起きないというモデルを使って、大地震の発生確率を評価しているからなんですね。このモデルは先に説明したBPTモデルです。ある特定の条件を満たすとそういうことはいえるけれど、すべての地震に成り立つとは限らない法則です。一方、余震は必ず起きます。人はこんなひどい目に遭うとしばらく同じようなひどいことは起きないと思いがちで、「大地震後は、大地震はしばらく起きない」というモデルは、それとじつによく合う考え方なんですね。だから地震は一度起きるとしばらく起きないという考えが受け入れられやすいんです。だけど、繰り返しますが、一般の人は、地震は一度起きたらまたすぐに起きると思っていたほうがいいんです。日本では地震はいつでも起きると思っていなければいけないし、大きな地震のあとは、また地震が来る、さらに海域の地震では津波が来ると思って逃げなければいけないんです。

――どこで暮らしていても怖い気がします。

幸いなことにいまの日本の技術で家を建てれば、大きな揺れでも建物はぺしゃんこになることはない。住み続けられるかどうかはわかりませんが、命は助かります。大きな地震がたびたび起こるので、建築基準法が改正されてそうなってきました。いまの基準であれば建物は倒れません。

東京の建物の耐震化率は92％で、旧耐震は８％しかありませんが、人口が多いので、旧耐震の家に暮らす人もまだまだたくさんいます。そこが問題なんですね。ここは能登半島とも同じで、その古い建物に高齢者が住んでいる。場合によってはひとり暮らしです。それをどうするかということは非常に大きな問題です。

いまは子どもを持たない家庭も多いので、家を次の世代に引き継がない場合は、耐震に多くのお金はかけたくないわけですね。その場合でも、老後の暮らしを快適にするための一環として、バリアフリーと合わせて、壁を少し丈夫にしたり、柱を増やすぐらいはできます。家を建て替えるのはむずかしいですが、何百万円ではなく、10万、20万でできる耐震化をする。そういうことをすすめる施策を行政はするべきだし、個人もやっぱり心がけたほうがいいと思います。

最近起きた豊後（ぶんご）水道の地震（２０２４年４月17日）では、四国では観測史上初めて震度６弱になったと報じられました。しかし、周辺では過去に強い地震は何度か起きています。たまたま、現在の震度の測り方になった１９９６年以降にそういうことが起きなかったから、強い揺れになる地震がこないところのように思えるだけです。日本列島の至るところで地震は起きています。

だから私たちは、家を建てるときには耐震化するし、棚に物を置いたらその下では寝ない。それくらいのことは自分たちでもできます。南海トラフ巨大地震で津波が来るところにある高齢者施設は、はっきりいって、高台に移転しなければいけないんですよ。いまそこにあるなら、少なくとも逃げる準備はしておくべきです。過去の地震をよく知って、つねに準備をしておかなければならないんです。

——問題点はどこにあるのかを見極めて、社会と個人双方が、地震に備えなくてはならないですね。今日はありがとうございました。

注

＊1　令和6年能登半島地震による人的・建物被害の状況について
https://www.pref.ishikawa.lg.jp/saigai/documents/higaihou_146_0718_1400.pdf
目的別・令和6年（2024年）能登半島地震に関する情報（対策本部・被災状況）
https://www.pref.ishikawa.lg.jp/saigai/202401jishin-taisakuhonbu.html#fukkou

＊2　被害状況等
https://www.pref.niigata.lg.jp/sec/kikitaisaku/jishin-20240628.html
令和6年能登半島地震による被害状況一覧
https://www.pref.niigata.lg.jp/sec/kikitaisaku/240101notojishin-higai.html

＊3　令和6年能登半島地震による被害及び支援状況
https://www.pref.toyama.jp/documents/38062/higaishien45.pdf
令和6年能登半島地震に係る県内被害状況（人的被害・住宅被害等）
https://www.pref.toyama.jp/1900/bousaianzen/bousai/jishin/jishnn0101.html

＊4　輪島市耐震改修促進計画　平成20年4月策定、令和2年4月一部改定
https://www.city.wajima.ishikawa.jp/docs/2018063000019/file_contents/

taishin_20200401.pdf

＊5　珠洲市耐震改修促進計画　平成31年3月
https://www.city.suzu.lg.jp/uploaded/attachment/2024.pdf

＊6　世界地震ハザード地図
https://www.globalquakemodel.org/product/global-seismic-hazard-map

＊7　橋本学・小沢慧一・加納靖之「久保野家文書等に基づく室津港の隆起量の検討」『自然災害科学』Vol.42,No.4, 387–404
https://www.jsnds.org/ssk/ssk_42_4_387.pdf

＊8　南海トラフ沿いの巨大地震による長周期地震動に関する報告　平成27年12月
https://www.bousai.go.jp/jishin/nankai/pdf/jishinnankai20151217_01.pdf

＊9　全国地震動予測地図
https://www.jishin.go.jp/evaluation/seismic_hazard_map/shm_report/

（２０２４年7月23日アクセス）

2 首都直下地震に備え、関東大震災に学ぶ

〈聞き手〉森まゆみ
2023年3月29日

――1990年、地域雑誌『谷根千』で「関東大震災に学ぶ」という特集をやりました。そのころはまだ関東大震災を覚えている方が多かったんです。そのあともずっと震災の話を聞いてきました。もう聞けない話ばかりなので、それを100年後のいま、まとめておこうと急に思い立ちました（『聞き書き・関東大震災』）。

そうですね。もう体験した方は100歳をとっくに超えていると思いますから。

――そのときも行政や東大にもインタビューに行きました。今回、地震研究所にお話をうかがいたいと思ったら、長い友人の伊藤谷生（たにお）さんが、「平田君にきけばいいよ」と気楽にご紹介くださって。お忙しいのにありがとうございます。東京大学地震研究所の所長、同所地震予知研究センター長、国立研究開発法人・防災科学技術研究所の首都圏レジリエンス研究推進センター長などを務めてこられました。

はい、なんでも僕でわかることはお話ししますが、お聞き及びのように、私は防災の専門ではなく、観測地震学が専門でして。地中での計測とか、実験とか、地下で起きていることを研究してきました。1995年にも神戸に行ったのですが、そのときは阪神・淡路大震災そのものよりむしろ、六甲・淡路島断層帯とその下で起こっている自然現象に興味があった。私は阪神・淡路大震災とはいわず、兵庫県南部地震というのです。

――ご本『首都直下地震』（岩波新書）でも、そう書いておられました。

そもそも地震と震災は概念が違います。１９２３年に起きた地震は関東地震で、それによって引き起こされた災害を関東大震災といいます。

しかし海外に行くと震災のことは必ず聞かれますし、国や地方自治体などの防災会議にも呼ばれるようになり、その後、防災についても耳学問ですが、学ぶようになりました。

地震予知はできるか

――そもそも地震予知というのは可能なんですか？

いいえ、はっきりいって、地震は予知できないです。地震の起きる確率はいえますが、

いつどこにくるということをいっている週刊誌などは嘘だと思ってくださ
い。世の中には、本当に不確実なことと、知識が足りないために不確実なことと、両方
あります。いつどこでどんな地震がくるかというのは、本当に不確実なことなので、
それを決定論的に、つまり、はっきりといつどこで発生するという地震予知は不可能
といっていいでしょう。

たとえばスーパーコンピュータを使うと、たくさんの分子がどのように動いている
のかは原理的には計算はできるんですね。だけど分子はランダムに動きますから、分
子の一個一個がどこにいるのかはわからないし、計算しても意味がない。

それと同じように地震もランダムに起きるから、本質的に一個一個の地震の発生は
予測できないのです。でもこの100年に、南関東でマグニチュード（以下Mとする）7
くらいの地震が5回起きている。それは事実です。だから100年に5回なら、20年
に1回くらいの確率で起きますよ、とはいえる。しかし、平均すると20年に一度です
が、10年に3回の場合もあれば、何十年も起きない場合もありえる。これは本質的に
不確実であるということですね。

――２０１１年3月11日の東日本大震災のあと、東京大学の地震研究所は、「4年以内に70％の確率で南関東にM7程度の地震が起きる」と公表しましたね。

いまは30年で70％といっています。ほぼ、東北の地震の発生前に戻りました。正確に言うと２２０年間に８回なんですが。平均27年なんですよ。それは27年ごとに起きるということではなく、時間的に不規則に起きる。それによると30年に、０・７回。これは初歩的な統計学によって出したもので、確率的にはいえるけど、いつ地震が起きるかの予測はできない。

ただ、３・11のあとは関東でもものすごく地震の数は増えました。中小の地震が増えると、大きな地震も増えるので、４年で70％と発表して人々の注意を喚起したわけです。30年にすると98％になってしまう。現在でも、Ｍ７程度の地震は発生していませんが、Ｍ６を少し超えるくらいの地震は起きています。

私は気象庁の「地震防災対策強化地域判定会（通称、判定会）」というので、データを見て予知をするということをやっていたのですが、予知は地震学的にはできないといって、警戒宣言というものは出さないことになりました。それを当時の防災担当大臣小此木（八郎）さんに申し上げたのは私なんです。その代わり、現在は気象庁の「南海トラフ沿いの地震に関する評価検討会（通称、評価検討会）」で、東海地方だけではなく、駿河湾から日向灘沖にかけての南海トラフに範囲を広げてデータを見ています。この他に、政府の組織である「地震調査研究推進本部の地震調査委員会」で、例えば、「首都圏のＭ７クラスの地震は30年以内に70％、南海トラフ地震は30年以内に70％から80％起きうる」といっています。

地震は続けて起こりやすい

――東京直下地震より、いまは南海トラフのほうが緊急性が高くて、人々の関心も強いように思います。

そもそも首都直下地震と南海トラフ地震では、地震の性質とその結果としての震災の性格が違うんですよ。南海トラフ地震は東北で起きたような非常に大きな地震です。東北の時は北海道から関東まで広い範囲で非常に強く揺れた。トルコで起きたような、５００㎞くらいにわたる地域に強い揺れをもたらした地震（２０２３年2月6日）。

それに比べ熊本地震は50㎞くらいです。いま問題になっているＭ７くらいの首都直下地震は熊本地震くらいの地震です。しかし、首都圏には非常にたくさんの人が住んでいて、まだまだ地震に弱い建物が多いために、もし都心の直下でＭ７くらいの地震が発生すると被害は甚大になるのです。首都直下地震で被害が大きくなるのは、地震の性質というより、都市の人口の構造、建物・構造物の量や性質、地域コミュニティーの性質のせいです。

先ほどもいったように、南海トラフ地震は、30年以内に70％から80％、「極めて高い確率で起こる」といわれています。これは、地震調査委員会の評価です。私が委員長です。

――平田先生、いくつ委員会やっておられるのですか。

わかんないくらいいっぱい（笑）。地震学では、大きな地震がいつ、どこで起きるかという予測はできないことはわかった。しかし、１回起きるとまた起きる。例えば１９４４年に東南海地震（Ｍ７・９、三重県など、死者・行方不明者１１８３人）が起きている。その２年後の１９４６年にも南海地震（Ｍ８・０、和歌山県など、死者・行方不明者１４４３人）

が起きました。これは戦時中と戦後の混乱期で、被害の規模の調査が詳細にはされていない。戦時中は隠されていたかもしれないですが。でもそういうふうに地震は連発します。

江戸時代を見てみましょう。安政江戸地震の1年前の１８５４年にも南海トラフで地震が起きている。そのときは東側で最初に起きて（安政東海地震）、その約30時間後の翌日に西側で起きた（安政南海地震）。両方ともＭ８・４の巨大地震です。

翌年１８５５年の安政江戸地震は典型的な首都直下地震で、Ｍ７・０から7・２でしたが、人口稠密都市で起きたので、被害は、７０００人から1万人の死者が出るほど甚大でした。当時の江戸は世界最大級の大都市、人口１００万人大都市。人口の１％近くが亡くなったのです。丸の内の大名小路などでも大変な被害が起きています。

――あそこは江戸城を築くときに資材を運んだ入り江を埋め立てたところですからね。東京駅建設の時も、松丸太を沈めて基礎にして、その上に建てています。

いまはすっかり高層ビル街になっていますが、こうした地域は同様の被害の恐れがあります。深川に被害が多かったのも軟弱地盤だからです。安政年間より前に、江戸に大きな被害があったのは、１７０３年の元禄地震ですね。この時にも、江戸、房総半島、静岡などで1万人が亡くなったとの研究があります。その直後、１７０７年に宝永地震が発生しました。この地震は、南海トラフ全体がほぼ一気に破壊された、最大級の南海トラフ地震です。

――富士山が噴火したときですね。

そうです。宝永地震の49日後ですね。そのころはまだ地震計も津波計もないので、東南海、南海地震が厳密に同時に起きたかどうかは、ハッキリしません。もしかすると1時間くらいの時間差があったかもしれませんが、まあ、２日後ということはない。だから南海トラフに沿って、５００㎞もの範囲で大きな揺れと津波があった。

いままでにあった巨大地震の経験から、「一度地震が起き始めたら引き続いて強い揺れが起きる可能性がある」という事実を社会に対して発表してきました。なので、南海トラフで大きな地震があったら、離れた場所であっても安心してはいけない。

東海で地震が起こってみんながそこに駆けつけて救命支援するのはいいけども、離れている高知の人たちも自分たちのところでも起こる可能性はあるのだと思ってほしい。

つまり、もし東海でM８を超える地震が起こると、高知でまたM８を超える地震が起きるかもしれない。南海トラフのどこかでM８を超える地震が起きたら、南海トラフ地震臨時情報（巨大地震警戒）が出て、総理大臣がテレビに出てきて呼びかける。「地震が起こる可能性が通常に比べて高くなりましたので、各自それぞれ地震への備えをしっかりしてください」という。ただし、津波がすぐにくる地域の人へはすぐに避難を呼びかけます。そのように注意喚起する仕組みは作りました。

国の防災体制

――そこで国や自治体の現在の防災対策を知りたいのですが。

国の基本計画は「中央防災会議」が作ることになっています。これは地震が起きたら、内閣総理大臣は何をするべきか、ということなどが決まっています。そして、県とか市とか、東京特別区など地方公共団体（自治体）は「地域防災計画」を作らなければならない。いままで災害が起きてない自治体も同じように作らなければならないのです。これは、１９５９年の伊勢湾台風のあとで作られた災害対策基本法（災対法）によって決められています。

「地域防災計画」とは自治体の防災のための計画です。建物の耐震化を進めたり、避難所をいくつ作って、そこに水をどのくらい、毛布をどのくらい配るか、そのためにはどの程度のお金がかかるか、議会で予算を通すために必要なわけです。その根拠として、地震が起きれば何棟家が倒れたり焼けたりして、どのくらい人が亡くなり、怪我するとかの被害想定がないとできないわけです。

私がさまざまな会議に呼ばれるのは、このような被害想定を作るためです。被害想定を作るには、伝統的な手法ですが、地下で何が起こって、地震によってどんな揺れになるか評価した上で、どのような災害が起きるか割り出します。

中央防災会議はいま都心南部直下地震が起きたならば61万棟が全壊・焼失するだろうと想定しています。発災したときに個人所有の家の復旧をどこまで税金で補塡するか。家も直すし、怪我したり、病気になった人をどのように面倒を見るか……、被災した人たちは生涯、国が面倒を見る。

――災害関連死というのもありますね。

けっこうあるんです。健康な方や持病をもっている方が避難所などで、普段の暮らしができないことで亡くなってしまう。これを災害関連死としている。熊本地震では約280名が亡くなりました。そのうち、家が倒れて圧死したりなどの直接死の人は50人で、残りは関連死です。病院に入院していて、地震がなければ長生きできる人が、地震の後に不自由な暮らしをつづけることで亡くなれば、それも関連死になります。

――私の友人のお母さんは、石巻の病院から避難のため、ヘリコプターで空中に吊り下げられたのがショックで亡くなりました。

それも関連死ですね。でも、ヘリコプターで助けられなければ、津波で亡くなってしまったかもしれません。福島でも深刻です。バスで別の病院に移送される途中で、糖尿病とか、透析が必要な方が亡くなられました。せっかく助けられた命が亡くなるというのは残念なことです。関連死というのは阪神・淡路大震災以降に出てきた概念で、現在ではきちんと法律上にも規定されています。その点では日本は先進国といえます。

関東大震災では10万5０００人亡くなったといわれています。その時にも災害関連死はあったはずですが、カウントされていません。当時はそういう概念がなかった。ただ関連死を被害想定に入れるのは極めてむずかしいですが。

２０２２年の想定では、都心南部直下地震では６０００人ほどが亡くなるだろうとしています。10年前の被害想定に比べると、少し想定死者数が少なくなっています。関連死者数は、避難者の数に比例するだろうとは思います。東京では、最悪のケースで約３００万人が避難するだろうという想定です。東京23区の人口が９５０万人ですから、かなりの人が避難する。

――中央防災会議は、どのような組織で、どのような人がメンバーなのですか。

総理大臣が会長で、半分くらいは大臣です。首相、国土交通省、厚生労働省などの担当大臣と、消防庁、警察など行政機関のトップ、産業界の代表、それで学識経験者は３人くらいですかね。私の時は、地震学者は私ひとりでした。年に一度の会議で、討論もすくないです。

その下に実行会議があり、私はいまそちらをやっているんですが。さらにその下に、学識経験者と役人が入ったワーキンググループがある。そこが実際の被害想定を作る。そのまた下に、検討会というのがある。ワーキンググループの会議自体は公開されませんが、議事録は公文書として公開されていますから、メディアが公開請求すれば見ることはできます。

――ややこしいシステムですね。

内閣府防災というのは、実態は国交省から出向して来た人が仕切っています。もともと防災とは、河川の管理をすることだった。一級河川があふれないように、ダムとか堰をつくる。防波堤を作る。治水が大事ですから。だから河川局がある国交省が中心でした。

熊本地震の時は、熊本城の石垣が崩れましたが、こちらの復旧は文化庁がやっています。いま、その石のひとつひとつに番号を付けて元と同じに積み上げていく。２０５０年ぐらいまでに直すはずが、それもできそうになくて、まるでバルセロナのサグラダファミリア教会みたいに延々工事をしています。それならば、復旧工事をしているところを観光資源にしようと文化庁は考えています。時間のかかる復旧・復興の作業を防災のための教材とするのは、なかなかいい考えですね。熊本城は加藤清正が築いた城ですが、彼は都市計画・土木や建築の知識と技術を持っていた。

――新しく築城するほうが、修復より早いくらいですね。江戸ですと、藤堂高虎が自分の居城の津も都市計画をしましたが、上野の寛永寺の建設にも関わっています。

関東大震災といま

――関東大震災の時には、中央防災会議はあったんですか。

ないです。

――その割にはみんな連携協力して、消防や救助に働いたものだと思います。調べていますと。

それは江戸で火事が多かったからではないでしょうか。もともと町火消しの伝統があった。私は、いまは江東区に住んでいますが、江戸という都市は火事が前提で、火災の後の復旧のために、木場の貯木場に木材を集めておいた。また、江戸は首都になって、参勤交代も義務づけられ、その武士たちが住むところがないので、大変な再開発をやった。江戸城の周りに大名屋敷を並べて、お城を守ったりね。関東大震災の時も、それが生きていたのでしょう。

——いまの東京大学の所に上屋敷のあった加賀の前田家は独自に加賀鳶というのをもっていましたが、大正の地震のとき、当主が本郷の消火に大活躍しました。彼は近衛連隊の将校だったので、持ち場にいないで家の消火につとめたというので批判もされたのですけども。地域としては助かりました。関東地震はどのような地震だったのでしょう。

都市直下の地震ですよ。いま、トルコの大地震でもうすでに5万人くらい亡くなっていますが、地震の規模と大きさからいうと、あれに匹敵するのは関東地震ですね。トルコの地震はM7・8、関東地震は7・9です。熊本地震の比ではないです。熊本の地震はM7・3。

関東地震は相模湾海底で起きたといわれていますが、地震は地下の断層がズレるように破壊される現象で、それはある一点から破壊がはじまる。震源とは最初のズレがはじまったところにすぎない。関東地震は差し渡し100㎞くらいの断層の破壊があったので、それは首都東京の真下までのびていた。だから首都圏の真下で起きた地震といえるんですね。

最近ときどきメディアから聞かれるのは、東日本大震災ではM9ですが、それでも死者2万人。それなのに、M7・8のトルコではもう5万人亡くなっている。それはなぜかと。要するに何をいわせたいかというと、トルコは建物がぼろくて耐震性がない、ということらしい。

――トルコに建物の耐震基準はなかったのですか。

トルコの耐震基準はヨーロッパ並みですよ。日本と同じくらいの基準です。ただそれを守らないで建てられた建物が多かったということはある。それで逮捕者も出て裁判になっています。結果的にはちゃんと作っていない建物があったわけですが、基本的には関東地震と同じような大きな地震が都市の直下で起きて、被害が起きたというのが大事な事実です。

――7・8と7・9はどのくらい違うのでしょうか。

０・１大きいと約１・４倍になります。これはそうたいしたことないけど、７・３と７・８では、０・５違います。マグニチュードは、エネルギーの対数に比例するので、０・５違うと約六倍エネルギーが違う。しかし、エネルギーが重要なのではありません。一定以上の強い揺れが広い範囲で起これば被害が大きくなるということが大事なことです。トルコは断層の長さが２００㎞。神戸の地震（阪神・淡路大震災）は30㎞。非常に強く揺れた場所は限定的なので、大正の関東地震やトルコの大地震のような巨大地震に比べて、神戸の地震では被害が相対的に少なくなる、というのが私の理解です。もちろん、神戸の地震で６０００人以上が犠牲になったことは決して、小さな災害ではありません。

みなさんは大きな地震は大きく揺れ、小さな地震は少ししか揺れない、と思っておられるけど、そうではない。ある程度大きな地震になるとそれ以上は揺れません。大きな地震というのは、広い範囲が強い揺れになるということです。

――なるほど。東京都の前の予想だと死者は約1万人、今度の災害想定は約6000人、なぜ減ったのですか。

それは住んでいる家の耐震化、不燃化が進んできたからです。いまの耐震基準は人の命が失われないようにできている。車もそうです。車は周りがぐちゃぐちゃになっても人のいるところは安全なようになっている。家も同じで壊れても隙間ができるようになっている。

阪神・淡路大震災を引き起こした淡路島の野島断層は、地震を理解するための活断層ということで天然記念物に指定されています。その断層がズレたところに建っていたある方の家というのが北淡震災記念公園に展示されている。そこはリビングルームがズレて食器棚がぐちゃぐちゃになって、家は住めないけれど、潰れていない。人は亡くなっていません。

――関東大震災は焼死、阪神・淡路大震災は圧死、東日本大震災は溺死が多いのですが、来るべき都心南部直下地震の死因はどうなるのでしょう。

やっぱり火事による焼死が多いです。ただ関東大震災の時は台風が来ていて、風によって火事は広がった。風がなければあれほどは広がりません。

——火がまた風を起こす。本所被服廠あとでは竜巻で人も馬車も巻き上げられました。また9月1日は土曜日で、地震発生はちょうど正午のころ、お昼ご飯を薪や練炭で作っている最中でしたね。

11時58分ですから。それに対し、阪神・淡路大震災は早朝5時46分に起きました。阪神・淡路大震災での死者はほとんど15分以内に亡くなっています。古い木造住宅が潰れたり、家具が倒れてきて圧死しました。

古き良き町とだけはいっていられない

——そこなんです。私たちの町、谷中や根津は関東大震災、戦災を逃れた木造の町並みが、ひとつの特徴です。路地を介しての人々の付き合いや助け合いは残したいものだと思います。震災と戦災、両方を逃れたところは谷根千と、佃島、京島など少ないです。市外はそのころはまだ密集した町になっていなかった。そのなつかしい、ほっとするたたずまいに惹かれてたくさんの人が来るわけですが、震災が起きた時を考えると慄然とします。

１９７８年に宮城県沖地震というのがあって、ずいぶん家が倒れて人が亡くなりました。それで１９８１年６月に、建築基準法が改正されて、新耐震基準というのが出来て、それに適合しない家は売ることができないのです。

東京都の被害想定は10年前にしたのが、死者９７００人、今回（２０２２年）は６１００人。死者の予想が減ったのは、倒れる家が減ったから。10年前は耐震化率が88％でした。いまは92％まで耐震化が進んだといわれています。つまり東京都は自分たちの施策が成功したといっているわけです。一方、東京ではどんどん再開発が進んで、みんながコンクリートの高層共同住宅、つまりタワーマンションに住むようになったのが、不燃化が進んだ実態でしょう。でも、木造密集住宅はまだたくさんあります。

その前も耐震基準はありまして、それを旧耐震といいます。阪神・淡路大震災では、新耐震でも戸建て住宅が倒れたので２０００年にまた耐震基準を強化した。「２０００年基準」です。

東京都がいっている耐震化率92％というのは、１９８１年の新耐震をクリアしているという意味です。

その新耐震をクリアしていない８％がどこにあるか。それが木造住宅密集地域、いわゆる木密は山手線の外側に広がっています。それは関東大震災の時に残ったところ。あのとき、日本橋区、京橋区、浅草区、本所区や深川区は、焦土と化して、後藤新平がそのあとを区画整理して、道も広げ、家が建ちました。彼はもっと緑地帯をもつ広い道を作り、公園を作りたかったのですが、予算がなくて途中で断念した。

地震で焼け出された人たちがまだあいていた郊外に逃げて住み着いたのがいまの木密地帯で、山手線に沿ってその外側に広がっています。道も狭いし、空き地もないし、バタバタと建てた震災後のバラックや木造の家がまだ残っているわけです。

――うちのほうではお年寄りがその辺のことを新開地とよんでいました。市外の日暮里とか田端、十条、赤羽、荒川方面ですね。

そうですね、山手線に沿ってぐるりと品川や大井町にもあります。行政的にも定義されているんですよ。東京都は、28の整備地区（約６５００ha）と52の重点整備地区（不燃化特区、約３５００ha）を指定して、整備に取り組んでいます。個人の家でも耐震化建て替えや補強に区を通じてお金が出る。それは都から出るお金です。区によっては指定地以外でも区独自の補助金をだすところがあります。

——その不燃化特区に谷中が入っています。本当に山手線の外側ですね。前の豊島区長さんは、うちが23区でいちばん人口密度も高いし、木密だと、嘆いておられました。

いま、新築すれば、２０００年の耐震基準を守らなければいけないので、耐震化は進む。昔は家は子どもや孫が受け継いで住むので、代が替わると建て替えたり大規模改修したりしたんだけど、いまは一緒には住まないので、独居老人が住むところは、そのままになってしまう。その人が亡くなって、やっとそこの土地が売られ、新しい持ち主によって建て替えられる。

——まさに。うちのほうでもひとり暮らしのおばあちゃんが亡くなると土地が更地になって売りに出ます。

古くても住んでいる家は、既存不適格といって、建てたときの法律に適していればいいけれど、建て替えるときには現在の法律に合わせないといけない。南海トラフで最大34ｍの津波が来るといわれている高知県の黒潮町は町が補助金を出すから耐震工事をしてくれという施策を出している。東京にも横浜にも千葉にも同じような助成はあります。

――もうひとつはいわゆる二項道路、狭い路地が多い事ですね。

そうです。建築基準法42条2項で、４ｍの幅のない道に面していない土地には家は建てられないのですが、そういう狭隘（きょうあい）密集宅地は狭い路地に面して建っていたりします。消防車が入っていけないいんです。道を広げるには地域コミュニティを変えなければいけない。それで近代的な高層長屋を縦に作ってそこに入っていただく、というのが多いパターンです。

――墨田区の白鬚東アパートとかですね。あれは人間の住むコンクリートの建物を延焼遮断帯にもしようという。ちょっと非人間的に思えます。近代的な団地ができた反面、あそこにあったうららかな汐入という漁師集落は消えて殺風景なビル群になっていますが。

私たちはどうにか、路地を保ったままで防災能力を高めることはできないかと。たとえばうちのほうでは、昔から「火事を出したらもうこの地域に住めない」というモラルがありました。乾燥した冬にはいまでも、町会が子連れで火の用心で拍子木を打ち鳴らして見回りをしています。いったん火事があってもよその家の窓を開けてホースを通して、消火します。谷中は私が見てきた40年くらいの間、火事は2、3件も起こっていません。ソフトの知恵も大事です。

うまくいっているところもあり、いってないところもあります。商売やっている方はなかなか上階に上がるわけにはいかないでしょうし。

東京都の防災計画

——私も文化財の防災が課題の文化庁の委員会に入って、木造のお寺や神社を文化財として守りながら、いざというときにどうやって消火するかという議論をしていました。防災のサイトに公開されているからと、国の方針や計画を見てもとにかく膨大で細かくて、行政文言で読みにくくて……。

あれはわざとわかりにくくしているようなものです。言質を取られないように。2022年の5月に出した東京都の防災会議の報告は私が部会長でまとめましたが。

――それは国と比べてわかりやすいものですか。

いやいや、役人が厳密性を重視して作っていますからわかりやすくはないですね。防災局は許可を出すようなところではなくて、想定に基づいて地域防災計画を作るところです。防災施策を実行するためには、事業を予算化する必用があります。そのために防災計画が使われるのです。

例えば、東京都は被害想定のなかで、対策を進めた場合の被害軽減効果を推計し、2000年に改訂された耐震基準（2000年基準）を守ると建物被害も人的被害も大きく減ることを示しました。東京都はこの数字を根拠に、1981年以降の新耐震の建物でも、2000年耐震基準を満たしていない個人の住宅の耐震化に補助を出すことを進めています。うまく予算化出来たのですね。

――なぜ、火災被害が減ったのでしょうか。

燃える建物が減ったのと、出火しにくくなったからです。10年前とくらべ、不燃化が進んだのと、石油ストーブやガスストーブが減って、部屋からは出火しない。これを東京都では「ライフスタイルが変わったから」といっていますが、つまり東京都の防災施策の手柄ではない。出火しないのがいちばんいいが、出火しても延焼しなければいい。そのためには燃えない素材にする。または道を広げ、広場など公開空地をもうけることも大事です。

——そこに樹木が植えられていることも、防火対策では重要です。しかし超高層などの再開発が進む中で、公園も神宮外苑のように再開発されたり、並木も伐採されることが多くなっています。

家の中のことをいえば、私の住む共同住宅も石油ストーブは禁止、ガス栓もない。料理だけはガスでしていますが、それすらないＩＨのマンションも増えています。

マンションは11階以上にはスプリンクラーも付けなければならないですね。消防法で決まっていて、火災報知器の検査も半年に一回あります。

――この前、朴葉ミソを小さな卓上焜炉の上で焼いたら、火災報知器が反応して、マンション中にサイレンが鳴って冷汗をかきました。

文京区ももちろん基礎自治体として地域防災計画を作っているはずです。被害想定もあるはずです。それはたぶん東京都が作っているものの、文京区の部分をコピペしているだけと思います。独自にちゃんとやっている自治体もなくはありません。草加市かな。それができる職員がいる。でもたいていは膨大な仕事なので、コンサルにやらせなければならない。お金もかかりますので、文京区は、東京都の被害想定のうちの文京区の部分を持ってきて、住民をどこに避難させるか、緊急避難場所と避難所をそれぞれ決めているはずです。

オフィスにとどまれ、無駄に動くな

――3・11の時にうちのあたりで問題になったのは、小学校に行ったらそこを町会役員がしきっていて、町会メンバーだけ入れて、通勤や通学の方々を閉め出したことでした。

それは町会の権限でできるかは疑問ですね。ただし、そもそも、避難所の収容能力は、避難者の数に比べて少ないのも事実です。避難所以外で避難する工夫も必要です。本当は、自宅で避難する、在宅避難が望ましいですね。

また地震があったときに、多くの人は家族が心配だからと一刻も早く家に帰りたいと思うでしょう。しかし、現在、東京都では大規模事業所には、一斉帰宅抑制、一週間は仕事場にとどまれ、というのを条例で定めています。連絡さえつけば安否は確認できるわけですからね。そのために職場に食料や水を備蓄せよと。だから避難所ではなくて耐震ビルのオフィスにいればいい。職員だけでなく、来客中の人や周辺住民も受け入れる必要があります。

――関東大震災の時は、土曜日で半ドンで、公務員もみんな家に帰っちゃったんですよね。当時、スマホのような通信手段はなかったし、テレビもラジオもない。みんな家族の安否が知りたかった。次の日は日曜日で誰も役所に出てこなかった。

そうです。東日本大震災の時も金曜日の午後2時46分でした。それで東京では会社によっては早期退社にして、社員を帰しちゃったんですよね。東京は揺れましたけど、基本的には被災はしませんでしたね。ところが地下鉄もＪＲも止まっちゃうし、自家用車やタクシーで帰ろうとして、結果としてものすごい渋滞になりました。数時間かそれ以上も歩いて家に帰る羽目になった。それはダメだと。基本的には移動するな、むやみと動くなというのが、いまの考えです。東京都は３・11の後、２０１２年（平成24年）３月に帰宅困難者対策条例を作ったのです。

そもそも学生が大学にいるのや、会社員が職場にいるのは、帰宅困難者ではないのです。もともとそこにいるべき人ですから、そこに留まるのです。たまたま出張にきていたとか、観光に来ていて、その人たちが家に帰れなくなったら帰宅困難者です。

――まあ、夫婦とも都心で共働きで、赤ちゃんを郊外で預けている人は心配で帰りたくなるでしょうけど。

それはわかりますね。前は幼稚園や学校でも親に引き取りに来てもらって子どもさんをわたすというのが主流だったんですが、いまは共働きが多いし、幼稚園でも必要があれば子どもをそのまま保護しつづける。

それでも帰りたい人もいるから、コンビニなどでも帰宅途中の人々を支援する。飲み水やトイレの提供ですね。３・11の時に帝国ホテルなどは帰宅途中の人を休ませるなどしています。

――東京駅近くの八重洲ブックセンターもそうしました。

だからいまは、社員数かける一週間分の食料ではなく、１割余分に備蓄してください、帰宅途中で困っている人を助けなさいという努力義務になっています。

――ＪＲ東日本は駅によっては7時でシャッターを下ろして、トイレの提供もせず、水も飲ませないと批判されました。

ＪＲは鉄道復旧が最優先課題です。そこにいる人はそれに一丸となってあたる。そのために、地域サービスは出来なかったのだと思います。いわゆるＢＣＰ(Business Continuity Plan)、事業継続計画といいますが、非常時に会社は何を優先的にリソースを振り分けるか、日頃から考えて決めておく必要があります。会社がいちばん優先すべきことは何だと思いますか。

――……何でしょう。

社員の命を守ることです。もちろん、会社は利潤を上げて株主に配当するのが社是ですが、同時に社員の命を守る。棚やコピー機、オフィスの什器が倒れて社員が下敷きになって死んだとすればそれは経営者の責任です。企業には、会社で働く従業員を守るために、安全配慮義務が法律によって定められているのです。天災だからといって、責任逃れはできません。

――関東大震災の時、小石川の博文館工場の屋根が落ちて200名亡くなっています。

病院なら医療機能、怪我した人を治すのを、当然、最優先すべきです。しかし、いまいる入院者を守ること、それと外来の駆け込んでくる重傷者の医療をどう両立するかを考えなくてはいけません。そう考えると、JRがすべきなのは鉄道の復旧で、それは田舎の小さな駅と新宿みたいな都会のターミナル駅とでは優先すべきことが違うし、駅長の判断でしょうね。

――だったら日頃から、駅員は鉄道復旧にかかる。駅のコンコースは非常時には地域の人の協力をえて、乗客や帰宅者にサービスをするとか決めておけばいいですね。

デパートでは高島屋は、災害時に社員、中にいる客、外から保護を求める人をどう助けるかのマニュアルをもっていますね。エレベーターの中には非常用の備品、水や携帯トイレを備えています。

避難所に行くのは家が壊れて住めない人だけ

――コミュニティが健全で、つながりがあるということも大事ですね。

避難所は火事で焼けたり、自宅が倒壊して住めない人のためにあるんですね。揺れに対しては、いまの耐震基準なら7割、8割の人が住み続けられるはずです。

それにもかかわらず、みんな避難所に行こうとするのは、ライフラインが使えないからです。

――超高層ビルの上のほうにいたら避難したくなりますね。新宿の超高層ビルが3・11の時にどれもゆさゆさと長い間、大きく揺れていました。中のレストランでもキャスター付きのワゴンがあっちへ行ったり、こっちへ行ったり、グラスもお皿も割れて。

新宿の高層ビルは10分間、2メートルの幅で振れた。オフィスはデスクや棚を固定してありますが、レストランなどは中がぐちゃぐちゃになります。そもそも高層ビルは安全基準があって、倒れないんです。しかし電気が止まったり、仮に電気が通っていても揺れれば、エレベーターは止まる。正常なエレベーターは最寄りの階に行って止まります。故障すれば階の間で止まり、中に閉じ込められますが、これは事故です。正常に機能しているエレベーターは、最寄りの階に行って止まるように作ってあります。エレベーターが止まってもまず復旧は閉じ込めの救出、病院・高齢者施設など、公共性の高い建物からなので、一般のマンションなどはあとまわしになるでしょう。

――だから、避難所にいた方が、情報も、食事も得やすいじゃないですか。東北でも自宅にいた独居老人など、ガスも電気も使えないのに援助が届かなくて問題になりました。

本当は、在宅避難をする方がよいのです。しかし、在宅だと、支援物資が届かないことがあるのが問題です。支援が届かないのは、住民がどこにいるかわからないからです。地域の民生委員やケアマネージャーなどはわかっていますが、それは個人情報だから、役所の人でも、防災担当の人に基本的には伝えてはいけないんです。これは大変な問題です。

――すべてに縦割りなんです。あと避難所では暮らせないお年寄りも多いでしょう。夜中にトイレに行くとか。

自治体の防災部局と、福祉部局がたこつぼ化していて、連携が取れていないところがほとんどです。東京もそうです。ある団地に要支援者が何人いて、どこにいるか、データがあっても、それが共有されていないといざというとき機能しません。

私はマンション住まいで、1年間、管理組合の防災担当理事をしました。マンションには管理組合を必ず置かなければならないんですが、理事長は、消防管理と防災管理担当の理事を選出しなければならないんです。私はこの際だから、神田の消防技術試験講習場にかよって防火・防災管理講習を受け、講習修了証を頂いてきました。ただしマンション管理組合は管理組織で、防災組織ではないんですよ。でも自主防災組織を作っているところもあって、防災倉庫に水やバールやヘルメットや備蓄食料をもっているところもあります。

避難場所と避難所は違う

――私たちの町では東京大学が避難場所なんです。

東大は緊急避難場所です。しかし東大の理事は、東大構内は避難場所なのだから、構内には入れるが、建物内には入れないということをいっています。東大は「避難所」ではないからです。そうするとトイレや水も使えない。まあ、実際には建物に入ることを止めることはできないでしょうから、使えますけどね。

――まず東大に逃げて安全か、ということがあります。関東大震災の時も、東大構内では応用化学実験室などから火が出て、図書館や法科教室も焼けています。あの頃はもう少しキャンパスが広々していましたが、いまは建て込んでいます。あのとき、街に延焼しなかったのは、周りに樹林帯があり、結構な高さの煉瓦塀が巡っていたことが大きい。でもいまはギリギリまで建物が建っていますから。それに、東大には実験などの細菌、動物、医療用の放射性物質などもありますね。重要なデータもあるでしょうし。

だから、建物の中に入れないという方針になります。

――夜中に行っても門は閉まっているのではないでしょうか。

通用門はあいていると思います。そこに避難者が殺到しても困りますが。三四郎池の周りは避難しても大丈夫かな。時計台の前は古い建物ですから危ないですね。御殿下グラウンドや農学部グラウンドがいいでしょう。

みなさん、避難場所と避難所がごっちゃになっていますね。避難場所はエバキュエーション（Evacuation）で最初に安全を確保する広くて安全な場所、避難所はシェルター（Shelter）、家が壊れたり使えない時にしばらく暮らす場所。エバキュエーションの意味の「避難」は、「退避」です。江東区は湾岸のタワマンエリアには避難所はあるが、避難場所はない。なぜならタワマンは倒れないし、燃え広がらないので、そこにとどまるほうが安全で、緊急避難する必要はないんです。ひとつの住戸が焼けても他の住戸には延焼しない。「地区内残留地区」といいます。逃げなくていい。

——言葉が似ていますし、区別のつかない人が多い。「まず最初に逃げる場所」「家が使えないときに暮らす場所」とかいったらいいのに。

災対法でもちょっと前まではあまり明確に区別していなかったんです。

いまそれぞれがすべきことは

——私のマンションも新耐震以降ですので、避難する必要はないんですね。

はい。家具を固定して、水と食糧を確保して、そのままいてください。

——お風呂のお湯は落とさないほうがいいんですね。

ええ、うちは落としてません。いろんな説がありますが。トイレを流すのに役に立ちます。水はポンプでマンションの屋上まで押し上げていますから、停電になると、上のほうの階では上水道は使えなくなります。水道管がこわれていないとしても、4

階は使えるかどうか微妙ですね。圧力があるから3階くらいまでは上がるんですが。
うちのマンションでは1階のゴミ置き場と駐車場のところの水は停電時も使えると私は防災担当としてお伝えしています。上水道のもととなる各地の浄水場は耐震化して、いま、壊れないことになっています。下水も壊れないようにしてますが、古いマンションで下水管が壊れると、上の人がトイレを使うと、下の人が汚水でびしょびしょになる。家のトイレは使うなという人もいます。だから携帯トイレは必須です。

——ほかにはどのようなことに気をつければいいのでしょう。

関東大震災の時、本所被服廠あとは家財道具を載せた大八車を持ち込んだ人たちで、身動きできなくなってしまった。その荷物に火がついた。いまは大八車はないですが、車が大きく問題になります。現在は「車で逃げるのはやめましょう」といっています。車は燃料のガソリンを背負っていますし、渋滞になったらそれが数珠つなぎになります。そこに火がついたらたいへんなことになる。
地震が起きたら、72時間は人の命を救うことが優先になる。下敷きになったりなど、死にそうな人のところに救援は駆けつける。元気な人は自宅で72時間は生き延びるしかない。下手に動かないほうがいい。

――ときどき、小さな発電機でも買おうかなと思うことがあります。

電気がないと困るのは透析とか、医療機器を使っている人ですね。そういう人は自家発電機があるほうがいいでしょうが、マンション住まいの方がそれを持つ意味はあまりないでしょう。発電機があっても、燃料がなければ意味はありません。本当に必要な電気は何かということです。情報を出すテレビ局やラジオ局からの情報が聞ければいい。これは、乾電池があれば十分です。エレベーターを動かす必要はないのです。

――関東大震災の時は、ラジオすらまだなかったのですが、ほとんどの新聞社は被災して数日、新聞を出せませんでした。3・11の避難所となった小学校の体育館では電気のコンセントが少なくて、スマホのチャージのために取り合いが起きていました。

スマホに充電できるタイプの電池はもっていると便利かもしれません。手回しラジオなども役に立つと思います。江東区は全戸に、電池がなくても動く手回しラジオを配りましたよ。最低限の情報が来ないと困るから。乾電池は懐中電灯に必須ですから、用意しておく必要がありますね。小さな太陽光パネルはＬＥＤライトの電源やラジオを動かすくらいには使えます。町内会やマンション管理組合などの防災組織は発電機をもっている必要がありますね。消防法で、マンションには消防設備のための非常電源をつけなければいけないことになっている。消防車が来たときに必要なんですよね。放水にも、生き埋めになった人を押さえている柱を電気ドリルで切るためにも。

――マンション管理組合が、どこに非常電源があるのかわかっていて、それを使えるようになっていないといけないですね。いざというとき、非常電源を置いている倉庫の鍵が見つからないとかあるでしょう。

防災倉庫の鍵は理事長と防災担当理事がもっています。うちのマンションではその二人が何号室に住んでいるかは張り紙もしてありますよ。停電になっても廊下の非常灯はつくようになっていますが、あれも半日ぐらいしかもちません。いまのマンションは入り口に自動ドアがあります。ふつうは停電時には開けたままになるように、または手動で開けられるようになっているはずですが、これが開かなかったら大変です。

――関東大震災の時はそれこそ発電機などもなかったですし、懐中電灯もなかったでしょう。寺田寅彦は震災後にろうそくを買いに行っています。

１００年前は電化製品は少なかったでしょうね。サバ缶ろうそくというのがあったんですよ。サバ缶を開けてその脂分に芯を入れて、火がつくというのですが、いまは、そういうのはやめたほうがいい。地震は必ず余震を伴いますから、ろうそくを付けてそれが倒れて引火したら大変です。太陽光発電パネル付きの電気ランタンを備えるべきです。

――最近気づいたことですが、関東大震災の夜は真っ暗になり、その暗さの恐怖が、朝鮮人が襲うとか、井戸に毒を入れたというデマを広げるのに輪をかけたように思うんです。真っ暗な上野の森の中に誰がいるかわからないという恐怖はすごいものだと思います。

そうでしょうね。いまは誘導灯とか、非常用の灯りはバッテリーで動くようになっています。でも1週間はもたない。みんなで使う外のトイレとか、水道に関する住民の意思疎通がだいじですね。

――区役所は家族で落ち合うところを決めなさい、といっていますが。

家族がバラバラになったときに、事前に決めておくのは大切です。みんなが夜で家にいるならいいですが。とにかくその家が１９８１年以降の新耐震かどうかは確かめておく。戸建ての住宅は、２０００年基準を満たしていればもっと安心ですね。その前でも、マンションは大規模修繕とかをちゃんとやっていれば大丈夫なはずです。

最初の一撃を逃れても、２回目、３回目で壊れる。関東地震は最初の地震がＭ７・９でしたが、５分後にＭ７・３の余震が起きている。そして次の日にまたＭ７・３が起きています。大きなのが３回来ている。中央防災会議で想定している首都圏の大地震はこのくらいの大きさ、Ｍ７・３の地震ですから。

そして、昔は「ぐらっときたら火を止めろ」というのがありましたが、いまは、ガスの火は自動的に消えます。「ぐらっときたら身の安全」が大事です。学校でしたら、机の下に隠れるのがよいと言われています。机の下に居ても、家が崩れてきたら役に立ちません。しかし、新耐震以降ならすぐには建物は潰れない。ただ、お皿やガラスの瓶や本が飛んでくる可能性があるから、頭を防御しろということです。いったん揺れがおさまったら火の始末を確認する。ガスの元栓を閉めたり。火災が来るとわかったら逃げなくてはいけない。

以前は、地震が来たら手ぶらで逃げろ、家財道具は持ち出すな、といわれていましたが、それは関東大震災の経験からです。これは、いまでもそうですが、できれば最低限の防災用品を持ち出してください。いまは、「地震になったら車で逃げるな」です。そのように防災知識もアップデートしなくてはいけない。小学生は月に一度は防災訓練の日があって、消防訓練、防災訓練をやっています。むしろ、わかってないのは大人ですよね。

——子どもがいない人はその情報も子どもからはいってきません。

そうですね。それも問題だと思います。

——今日はありがとうございました。たいへん勉強になりました。

まとめてみますと、

1　いつどこでどんな地震が起きるかは予知できない。

2　しかしどのくらいの確率で来るかは予測できる。

3　ひとつ大きな地震が来たら、連続して地震が起きる可能性がある。

4　新耐震（戸建ては２０００年耐震）以降の建物は関東大震災級が来ても壊れないから、すぐに逃げなくてよい。

5　地震には必ず余震がある。ぐらっときたらまず身の安全。頭を保護する。

6　車で逃げてはいけない。

7　新耐震以前の建物の人と、周辺で火災が発生した人は近くの緊急避難場所へ。

8　家が壊れたり焼けたりした人、住み続けられない人は、避難所へ。事前に、緊急避難場所と避難所の場所の確認。

9　家にとどまるために、１週間分の食料と飲料、常用薬、携帯トイレと懐中電灯は必須。

10　家具は固定し、窓には近づかない。エレベーターは使えない。

11　スマホチャージのための電池式充電器か小さなソーラー発電機、手回しラジオも役立つかも。

12 日頃から、マンション自治会、町会との付き合いも大事。いざというときの訓練や予行演習をしておこう。防災倉庫の鍵や消防車用の水道栓も確かめておく。

13 家族の集合場所を決めておく。

森まゆみ（もり・まゆみ）
1954年生まれ。大学卒業後、PR会社、出版社を経て、84年、地域雑誌『谷中・根津・千駄木』を創刊。聞き書きから、記憶を記録に替えてきた。その中から『谷中スケッチブック』『不思議の町 根津』（ちくま文庫）が生まれ、その後『鷗外の坂』（芸術選奨文部大臣新人賞）、『彰義隊遺聞』（集英社文庫）、『「青鞜」の冒険』（集英社文庫、紫式部文学賞受賞）、『谷根千のイロハ』『聖子』『聞き書き・関東大震災』（亜紀書房）、『子規の音』（新潮文庫）などを送り出している。近著に『じょっぱりの人 ―― 羽仁もと子とその時代』（婦人之友社）、『暗い時代の人々』（朝日文庫）、『京都不案内』（世界思想社）などがある。

＊「2　首都直下地震に備え、関東大震災に学ぶ」は『聞き書き・関東大震災』（森まゆみ、亜紀書房、二〇二三年）に収録されたものに修正・加筆を施し、再掲載しています。

おわりに

本文中でも繰り返し述べましたが、現時点では地震学は「いつ、どこで、どのくらいの大きさの地震が発生する」かを事前にいうこと、「地震予知」はできません。しかし、「どのくらいの期間、例えばこの30年間くらいの間に、ある地域に、ある程度以上の大きさの地震が発生する」という長期予測（確率をいうこと）はできます。その予測によれば、日本のどこかでまた大地震が発生することは確実だということです。それも、何の前触れもなく突然起きるのです。何もしなければ、大きな被害が発生します。大地震からの被害を減らすためには、常日頃から準備をしておくことが必要です。災害を生き延びるために防災リテラシーを高め、万が一に備えておきましょう。万に一ではなく、一〇に一回くらいの頻度ですね。

防災リテラシーの第一は、「日本に強く揺れない場所はない」です。震災から生き延びる備えとして最も重要なのは住宅の耐震化です。揺れても、潰れて命を落とさないように、住宅を強くする。同時に、家具の配置の適切化と正しい固定は、生き延びるために必須の備えです。その上で、「ぐらっと来たら身の安全を確保」する。これが誰もが必ずやらなければならない最初のことです。

第二の防災リテラシーは、生き延びた命をつなぐという知恵。震災時には、電気・水道・ガスといった生活インフラが遮断してしまいます。水や食料、常用医薬品の備蓄など、できることから準備しておきましょう。とくに飲料水は生き延びるために必須です。これらは、ひとりひとりの備え、自助です。

しかし、ひとりでは生き延びることはできません。まず、自分の住んでいる地域がどんな自然と社会の環境にあるかを理解しておくことが大切です。過去にどんな災害があって、どんな被害に見舞われたのかを知っていれば、自宅が倒壊したときに、どこに、どのように避難すればいいのかを準備することができます。誰に相談すれば助けてもらえるかを知っておくことが大事です。地域の人々と助け合って命をつなぐこと、共助が必要です。

いざという時のためには、個人や地域の力を超えた助け合いの仕組みも必要です。みなさんがお住まいの自治体のホームページなどで、防災・災害対策、地域防災計画といった情報を調べておくことをお勧めします。国や自治体がどのような災害対策を行っているかを知って、上手く利用することが重要です。公助の仕組みを理解することは、復旧や復興にも役立ちます。

私は観測地震学が専門です。地下でどのように、なぜ地震が発生するかを地震の観測を通して理解することに努めてきました。自然現象としての地震の研究です。しかし、地震が起きると、残念なことに日本では震災が発生してしまいます。地震の観測に行って、大きな被害を見るたびに、私も、大地震が起きたときになぜ災害になるかを考えざるを得なかったのです。しかし、私は防災の専門ではありません。「防災」と言ってもさまざまな専門分野があります。耐震工学や都市計画学、火災・地域防災の研究者などさまざまな専門知を統合して、始めて「防災の専門家」になれます。さらに詳しくお知りになりたい場合は、それぞれの専門分野にあたってみるのもいいでしょう。

しかし、私たち全員が防災の専門家になる必要はありません。何よりも大事なことは、大きな災害に見舞われたとしても、無事に生き延びることです。すべてはそのための準備です。

❖ 著者について

平田直（ひらた・なおし）

1954年東京生まれ。東京大学理学部卒業。東京大学大学院理学系研究科修士課程修了。理学博士（東京大学大学院）。東京大学地震研究所教授、同所長、国立研究開発法人防災科学技術研究所参与・首都圏レジリエンス研究センター長を経て、現在、東京大学名誉教授。専門は地震学・地震防災。首都直下地震や南海トラフ地震などの巨大地震の解明とともに、被災した社会機能の回復についての研究を行う一方で、防災教育や理科教育にも取り組む。政府の地震調査研究推進本部・地震調査委員会委員長、気象庁・南海トラフ沿いの地震に関する評価検討会会長他政府の委員等を務める。防災功労者内閣総理大臣表彰受賞。著書に『首都直下地震』（岩波書店）他がある。

地震（じしん）を知（し）って震災（しんさい）に備（そな）える

2024年9月30日　第1版第1刷発行

著者　平田直

発行者　株式会社亜紀書房

〒101-0051 東京都千代田区神田神保町1-32
TEL　03-5280-0261
https://www.akishobo.com/

装丁・レイアウト　矢萩多聞

DTP　山口良二

印刷・製本　株式会社トライ
https://www.try-sky.com/

© Naoshi HIRATA, Mayumi MORI, 2024　Printed in Japan

ISBN 978-4-7505-1846-6　C0036

◎本書の内容の一部あるいはすべてを無断で複写・複製・転載することは、
著作権法上の例外を除き、禁じられています。
◎乱丁・落丁本はお取り替えいたします。